中学校教師1年目のための道徳の基本

赤堀博行
Akabori Hiroyuki

東洋館出版社

はじめに

中学校は、生徒一人一人がもっている能力を伸ばし、国家・社会の形成者として必要とされる基本的な資質を養うことを目的として行われる義務教育（教育基本法第5条）の仕上げを行う学校です。

その目的は、小学校教育の上に、生徒の心身の発達に応じて、義務教育として行われる普通教育（職業的・専門的ではない教育）を行うことです。そして、目的を実現するための目標は、義務教育の目標として学校教育法に具体的な事項が示されています。義務教育の目標として示されたのは、平成19年（２００７）の改正によるものです。それ以前は、以下のように記されていました。

1　小学校における教育の目標をなお充分に達成して、国家及び社会の形成者として必要な資質を養うこと。

2　社会に必要な職業についての基礎的な知識と技能、勤労を重んずる態度及び個性に応じて将来の進路を選択する能力を養うこと。

3　学校内外における社会的活動を促進し、その感情を正しく導き、公正な判断力を養うこと。

義務教育の目標が設定された背景には、平成18年の教育基本法の改正に先立つ、平成17年（2005）1月の中央教育審議会の「義務教育に係る諸制度の在り方について（初等中等教育分科会の審議のまとめ）」があります。そこには、教育の目標や実際の教育活動において小学校と中学校とが分離され、それぞれの中での完結が強く求められるあまり、義務教育9年間全体を通しての目標や達成すべき水準が充分に意識されないこと、また、小学校と中学校との間の連携や教育の一貫性が弱くなりがちとなっていることなどの反省を踏まえ、義務教育9年間を見通した目標について検討を行う必要があるとされたことによります。

そして、審議のまとめでは、「人間が人間として、生涯にわたって生き抜く力を育成する基礎教育が義務教育の目的であり、知の教育、知り・分かり・出来る喜びを享受させること、自分らしさを追求させること、生き方についての教育、個の確立と自己を正しく主張することのできる人間の基礎教育、コミュニケーション能力の育成、地域を生きる人間の教育、学び方の学習、情報社会を生きる人間の教育、賢明な消費者として生きることのできる人間の教育、『市民性』の教育、共助・共生社会の形成者としての共助・共生意識の教育、男女共同参画社会を生きる人間の教育、大人にならせるための教育、親となる教育など」の目標についての基本的な考え方に関する意見が示されました。

また、自学自習の習慣や自ら学ぶ意欲を育てるとともに、「学び方」を学ぶ機会を充実することが重要、自己決定能力を育成することが重要、公共性の感覚などの公共の精神を育成することが必要、生命を大切にする心や思いやりの心、倫理観などを育てる教育が必要などの具体的な教育内容の目標に関する意見も示されています。

これらの背景があって、平成19年の学校教育法の改正において、以下のように義務教育の目標が示されたのです。

1　学校内外における社会的活動を促進し、自主、自律及び協同の精神、規範意識、公正な判断力並びに公共の精神に基づき主体的に社会の形成に参画し、その発展に寄与する態度を養うこと。

2　学校内外における自然体験活動を促進し、生命及び自然を尊重する精神並びに環境の保全に寄与する態度を養うこと。

3　我が国と郷土の現状と歴史について、正しい理解に導き、伝統と文化を尊重し、それらをはぐくんできた我が国と郷土を愛する態度を養うとともに、進んで外国の文化の理解を通じて、他国を尊重し、国際社会の平和と発展に寄与する態度を養うこと。

4　家族と家庭の役割、生活に必要な衣、食、住、情報、産業その他の事項について基礎的な理解と技能を養うこと。

5　読書に親しませ、生活に必要な国語を正しく理解し、使用する基礎的な能力を養うこと。

6　生活に必要な数量的な関係を正しく理解し、処理する基礎的な能力を養うこと。
7　生活にかかわる自然現象について、観察及び実験を通じて、科学的に理解し、処理する基礎的な能力を養うこと。
8　健康、安全で幸福な生活のために必要な習慣を養うとともに、運動を通じて体力を養い、心身の調和的発達を図ること。
9　生活を明るく豊かにする音楽、美術、文芸その他の芸術について基礎的な理解と技能を養うこと。
10　職業についての基礎的な知識と技能、勤労を重んずる態度及び個性に応じて将来の進路を選択する能力を養うこと。

中学校では、前述の目的を実現するために、義務教育の目標を達成することを目指して、学校教育法施行規則に示されている国語、社会、数学、理科、音楽、美術、保健体育、技術・家庭及び外国語の各教科、特別の教科である道徳、総合的な学習の時間並びに特別活動の授業を行います。

中学校において、義務教育の目標を達成できるような教育が行われることが、生徒一人一人がもっている能力を伸長し、国家・社会の形成者として必要とされる基本的な資質を養うことにつながります。ほとんどの生徒は、中学校を卒業すると高等学校に進学します。その進学率は、通信制も含めて98％を超えています。

高等学校では、「義務教育として行われる普通教育の成果を更に発展拡充させて、豊かな人間性、創造性及び健やかな身体を養い、国家及び社会の形成者として必要な資質を養うこと」「社会において果たさなければならない使命の自覚に基づき、個性に応じて将来の進路を決定させ、一般的な教養を高め、専門的な知識、技術及び技能を習得させること」「個性の確立に努めるとともに、社会について、広く深い理解と健全な批判力を養い、社会の発展に寄与する態度を養うこと」を目指して教育指導が行われることになります。

我が国の義務教育は、履修主義、年齢主義に立った教育制度であるため、国家・社会の形成者として必要とされる基本的な資質が身に付いていない生徒がいることが考えられます。しかし、多くの生徒は、義務教育の目標に示されている態度、理解、技能、能力といった、国家・社会の形成者として必要とされる基本的な資質を身に付けていると考えたいところです。

昨今、人工知能（ＡＩ）の発展を中心としたＩＣＴ技術の進展、価値観の多様化、人生観の転換など、社会状況の変化が目まぐるしく、生徒を取り巻く環境は大きく変化しています。こうした状況の中で、ＡＩを活用して多様な技術開発に取り組んだり、スポーツや文化活動に没頭したり、ボランティア活動に尽力したりして自己実現を果たそうとする若者が見られます。こうした姿が見られるのは、我が国の義務教育の成果と言ってよいでしょう。

一方で、闇バイトや特殊詐欺など自分自身の欲望のままに、反社会的な行動に向かってしまう若者が散見されます。前述の通り、我が国の義務教育は、履修主義、年齢主義に立っているため、求められる基本的な資質が身に付いていない生徒がいることは事実ですが、そのような生徒だけが犯罪行為に加担するということではありません。

逮捕・補導された若者の犯行動機の多くは、高収入を得たいということです。しかし、誰もが高収入を得たいと考えますが、皆が犯罪には向かうということではないでしょう。また、これらの問題には教育格差があるという主張もありますが、いわゆる貧困な状況に置かれた者が必ずしも犯罪に向かうということではありません。どのような要因が、これらの反社会的行動に向かわせてしまうのでしょうか。

犯罪行為に加担する者は、

「高収入を得たい」
「闇バイトだが容易に高収入が得られそうだ」
「応募しよう」

という短絡的な考えで行動してしまいます。そこには「熟考」がありません。自分が行おうとしていることに問題はないのか、周囲にどのような影響を与えるのか、自分の将来はどうなるのかなどに考えが及ばないのです。なぜ、考えが及ばないのでしょうか。

それは考える経験が少ないからではないでしょうか。この考える経験とは、知識・技能を得るための思考というよりは、自分自身がいかに生きるか、人間としてどう生きるかといった思考です。人間としてどう生きるかを考える際には、他者との関わり、集団や社会との関わりなども視野に入れることが求められます。

義務教育では、前述のような態度、理解、技能、能力を養いますが、その過程で、自分自身がいかに生きるか、人間としてどう生きるかといった考える学習を綿密に設定してほしいのです。自分自身が人間としてどう生きるか、それを考える視点となるのが、正義、節度、節制、克己、親切、規則遵守、公徳心などの道徳的価値です。道徳的価値は、よりよく生きるために必要とされるものであり、人間としての在り方や生き方の礎となるものです。

つまり、小学校教育はもちろんのこと、義務教育の仕上げを行う中学校教育において、道徳的価値を基に、よりよい生き方を探究する道徳教育の充実を期待したいのです。そのためには、道徳教育とは何か、具体的にどのように進めるのか、道徳科の特質は何かなど、道徳教育で大切なことなどの知見を深めることが大切です。本書が、中学校の教師のみなさんはもちろんのこと、中学校の教師を目指すみなさんが行う道徳教育の充実に役立つことができれば幸甚です。

なお、本書の上梓にあたり、ご尽力くださいました近藤智昭氏に心より感謝申し上げます。

令和5年10月

赤堀　博行

第1章

道徳教育とはどのような教育か

道徳は、人として行うべき正しい道と言われています。我が国における道徳的規範のひとつに、十七条憲法が挙げられます。これは、儒学が大きく影響しています。本章では、これらを基に道徳の意義を解説します。

1 これまでの自身の道徳教育を振り返って

就学年齢になって義務教育が始まると、様々な教科の学習が始まります。その中には、道徳科の学習もあります。

我が国の学校教育において道徳の学習が教育課程に位置付けられて行われるようになったのは、昭和33年（1958）からです。小学校と中学校の時間割に週1時間の道徳の時間が位置付きました。そして、平成27年（2015）の学習指導要領の一部改正によって、現在は特別の教科道徳（以下「道徳科」という）に改められました。

昭和33年から平成27年の間に小学校教育、あるいは中学校教育を受けた人は、道徳の時間の授業を受けたということになります。平成27年以降は、道徳科の授業を受けることになります。

さて、みなさんは、小学校、中学校でどのような道徳の時間の授業を受けてきたでしょうか。このことを、教職課程を学修する学生に問うと、「教材の登場人物の気持ちを考えた」「どうすればいじめがなくなるのかを考えた」「ゲストの人の話を聞いた」「心のノートを使って勉強した」「『私たちの道徳』を読んだ」などの回答がありますが、「覚えていない」という学生が少なくありません。国語科や社会科、算数科や数学科はどうかと尋ねると、ほとんどの学生は具体的な授業の様子を覚えています。

それでは、なぜ道徳の時間の授業の記憶がないのでしょうか。それは学生の問題ではなく、小学生、あるいは中学生のときの教師の問題であることが推測されます。残念ながら、道徳の時間の特質を押さえた授業が行われていなかったということです。

道徳の時間が設置された昭和33年の学習指導要領には、総則において道徳の時間の指導について以下のように示されていました。


道徳の時間においては、各教科、特別教育活動および学校行事等における道徳教育と密接な関連を保ちながら、これを補充し、深化し、統合し、またはこれとの交流を図り、生徒の望ましい道徳的習慣、心情、判断力を養い、社会における個人のあり方についての自覚を主体的に深め、道徳的実践力の向上を図るように指導するものとする。

（中学校学習指導要領　昭和33年改訂版　第1章　総則　第3道徳教育）


道徳の時間は、道徳的実践力の向上を図るために、生徒の望ましい道徳的習慣、心情、判断力を養い、社会における個人のあり方についての自覚を主体的に深める授業を行うこととしていました。

また、道徳の時間は、生徒の望ましい道徳的習慣といった道徳的行為が指導の対象でした。そして、『中学校道徳指導書』（文部省、１９５８）において、道徳性の内面化を図ることが大切で、生徒が道徳性を自己の自覚として主体的に捉え、身に付けていくような指導をすることが求められました。そして、教師の一方的な教授や単なる徳目の解説に終始しないように留意し、指導方法を活用する必要性が記されています。

そして、指導の諸方法として、討議（話合い）、問答（対話）、教師の説話、読み物の利用、視聴覚教材の利用、劇化、実践活動（調査、研究）を例示しています。

昭和44年の学習指導要領では、以下のように目標を示しています。

> 道徳の時間においては、以上の目標（道徳性を養うこと）に基づき、各教科および特別活動における道徳教育と密接な関連を保ちながら、計画的、発展的な指導を通して、これを補充し、深化し、統合して、人間性についての理解を深めるとともに、道徳的判断力を高め、道徳的心情を豊かにし、道徳的態度における自律性の確立と実践意欲の向上を図るものとする。
>
> （中学校学習指導要領　昭和44年　第3章　道徳）

昭和44年には、望ましい道徳的習慣といった道徳的行為の指導は除外され、内面的資質の育成がねらいとなっています。指導の諸方法としては、話合い（討議、問答）、読み物の利用、視聴覚教材の利用、劇化を例示し、実践活動（調査、研究）を除外しています。

昭和52年の学習指導要領では、以下のように目標を示しています。

> 道徳の時間においては、以上の目標（道徳性を養うこと）に基づき、各教科及び特別活動における道徳教育と密接な関連を保ちながら、計画的、発展的な指導を通してこれを補

充、深化、統合し、生徒の道徳的判断力を高め、道徳的心情を豊かにし、道徳的態度と実践意欲の向上を図ることによって、人間の生き方についての自覚を深め、道徳的実践力を育成するものとする。

(中学校学習指導要領　昭和52年　第3章　道徳)

道徳的実践力を再掲し、指導の諸方法は、『中学校指導書　道徳編』(文部省、1978)において、話合い、説話、読み物の利用、視聴覚教材の利用、役割演技を例示しています。

平成元年の学習指導要領における、道徳の時間の目標は以下の通りです。

道徳の時間においては、以上の目標(道徳性を養うこと)に基づき、各教科及び特別活動における道徳教育と密接な関連を図りながら、計画的、発展的な指導によってこれを補充、深化、統合し、生徒の道徳的心情を豊かにし、道徳的判断力を高め、道徳的実践意欲と態度の向上を図ることを通して、人間としての生き方についての自覚を深め、道徳的実践力を育成するものとする。

(中学校学習指導要領　平成元年　第3章　道徳)

目標はおおむね前回の学習指導要領を踏襲しています。指導方法は、『中学校指導書　道徳編』(文部省、1989)に話合い、教師の説話、読み物の利用、視聴覚教材の利用、役割演技が例示されています。

平成10年の学習指導要領の目標もほぼ同様です。

道徳の時間においては、以上の道徳教育の目標に基づき、各教科、特別活動及び総合的な学習の時間における道徳教育と密接な関連を図りながら、計画的、発展的な指導によってこれを補充、深化、統合し、道徳的価値及び人間としての生き方についての自覚を深め、道徳的実践力を育成するものとする。

（中学校学習指導要領　平成10年　第3章　道徳）

指導方法は、『中学校学習指導要領解説　道徳編』（文部省、１９９９）に話合い、教師の説話、読み物の利用、視聴覚教材の利用、動作化、役割演技等の生徒の活動が例示されています。

平成19年の学習指導要領の目標も改訂はありません。

道徳の時間においては、以上の道徳教育の目標に基づき、各教科、総合的な学習の時間及び特別活動における道徳教育と密接な関連を図りながら、計画的、発展的な指導によってこれを補充、深化、統合し、道徳的価値及びそれに基づいた人間としての生き方についての自覚を深め、道徳的実践力を育成するものとする。

（中学校学習指導要領　平成19年　第3章　道徳）

指導方法は、『中学校学習指導要領解説　道徳編』（文部科学省、２００８）に話合い、教師の説話、読み物の利用、視聴覚教材の利用、動作化、役割演技等の生徒の表現活動、板書を生かす工夫が例示されました。

このように、道徳の時間は、昭和43年の学習指導要領以降の学習指導要領では、内面的資質としての道徳的実践力を育成することを目標として、具体的な指導方法を指導書及び解説で例示しています。

冒頭に、「みなさんは、小学校、中学校でどのような道徳の時間の授業を受けてきたでしょうか」と記しましたが、みなさんに道徳の時間の指導をしてくださった先生が、道徳の時間の目標や具体的な指導の諸方法についての知見を有していたとすれば、おそらく授業の中で、話合い、教師の説話、読み物の利用、視聴覚教材の利用、動作化、役割演技等の表現活動などが行われていたことが考えられます。また、それらの学習を通して、生徒が自己を見つめ、人間としての生き方についての考えを深めたのではないでしょうか。

道徳科の授業の内容を、逐一、記憶していなければならないということではありませんが、生徒が人としてよりよく生きるために、自分自身を見つめたり、友達と話し合ったりする学習をしたことは、記憶にとどめるようにしたいものです。

『中学校学習指導要領（平成29年告示）解説　特別の教科　道徳編』（文部科学省、２０１７）

にも示されている通り、中学生の時期は、人生に関わる様々な問題についての関心が高くなり、人生の意味をどこに求め、いかによりよく生きるかという人間としての生き方を主体的に模索し始める時期です。こうした時期に、生徒一人一人が、人間としての在り方や生き方の礎である道徳的価値を、自分事として考え、よりよく生きようとする意欲を高めるようにすることは大切なことです。

変化の激しい現代社会においては、ＡＩなど科学技術の進展と同時に、人としての生き方を問い直さなければならない様々な問題が山積しています。こうした時代に求められているのは、道徳教育についての知見を深め、生徒とともによりよい生き方を探究しようとする教師なのではないでしょうか。

2 道徳とは何か

「道徳」という言葉にどんなイメージをもっていますか。『小学館　日本国語大辞典』では、以下のように説明しています。

人間がそれに従って行為すべき正当な原理（道）と、その原理に従って行為できるように育成された人間の習慣（徳）。

「道」には、人が従い守るべき正しい教え、道理といった意味があります。また、「徳」には、人としてあるべき姿を求めて心を養い、それが身に付いた優れた品性という意味があります。品性は、道徳的基準から見たその人の性質、つまり、人としてよりよく生きるといった視点から見た人柄ということです。

それでは、人として行うべき正しい道とはどのようなものでしょうか。日本が国家として成立していく過程で、様々な影響を与えた思想に「神道」が挙げられます。「神道」は、宗教ですが、仏教やキリスト教、ユダヤ教などとは異なります。神道は、特定の開祖や教祖をもたずに、自然や自然現象など全てのものの中にあるとする精神的実体や、祖先に宿る精神的実体を崇拝する宗教です。

自然からの恩恵に感謝し、統制できない自然現象に畏敬の念を抱き、先祖を尊敬し自分自身に対して誠実に生きるなど、人として守るべきことなどが国家の成立過程で醸成されてきました。一方で、我が国の国家としての成立過程では、道理について他国からの大きな影響がありました。4世紀には儒教が、6世紀には仏教が我が国に伝えられ、我が国の人の従い守るべき正しい教えに様々な影響を及ぼすこととなったのです。

3 十七条憲法に見る道徳的規範

成立過程は諸説あるところですが、用明天皇の第二皇子であった聖徳太子（574―62

２）が制定した十七条憲法があります。

十七条憲法は、我が国最初の成文法とされ、法律規定というよりは、天皇中心の中央集権国家の形成を意図して、和を尊ぶ精神、君臣の道徳など人間としての在り方・生き方を説き、官吏・貴族の守るべき道徳的訓戒を十七か条に記したものです。その内容は儒教や仏教の影響を受けています。

官吏・貴族に向けた訓戒ではありますが、彼らが当時の国家の形成者としての役割を担っていたとすれば、その国家の構成者としての人民にとっても人間としての在り方・生き方といった意義を有していたと考えてもよいでしょう。

第一条、和を以って貴《とうと》しと為《な》し忤《さが》ふこと無きを宗と為す。
「和を大切にし人といさかいをせぬようにせよ。」

第二条、篤《あつ》く三寶《さんぼう》を敬へ、三寶とは佛と法と僧となり。
「篤く三つの宝を敬え。三宝は仏像、法典、僧侶である。」

第三条、詔《みことのり》を承けては必ず謹め。
「天皇の命を受けたら、必ずそれに従え。」

第四条、羣卿百寮禮《ぐんけいひゃくりょうれい》を以て本とせよ。

「上級官吏や役人は、礼を基本とせよ。」

第五条、餮《あじはい》を絶ち欲を棄てゝ明かに訴訟を辨《わきま》へよ。

「食を欲深く求めず、欲をすてて、訴訟を公明に扱うこと。」

第六条、惡を懲し善を勸むるは古の良典なり。

「悪を罪して、善を勧めることは古くからの良い手本である。」

第七条、人各任《おのおのよき》し掌ることあり宜しく濫《みだ》れざるべし。

「人には、それぞれ任務があり役割があるので、その範囲を超えないこと。」

第八条、羣卿百寮《ぐんけいひゃくりょう》早く朝《まい》りて晏《おそ》く退《まか》れよ。

「上級官吏や役人は、朝早くから遅くまで勤めること。」

第九条、信は是れ義の本なり事毎に信あれ。

「偽りのないことが正しい道の基本である。何事も偽りのないようにせよ。」

第十条、忿《いかり》を絶ち瞋《いかり》を棄て人の違ふを怒らざれ。

「内なる怒りを絶って、感信をおさえ、自分と異なっても立腹しないこと。」


第十一条、明かに功過《こうか》を察して賞罰必ず當てよ。

「てがらと過ちを明らかにして賞罰を決めること。」


第十二条、國司國造《くにのつかさくにのみやつこ》百姓に斂《おさめと》ること勿《なか》れ。

「国司や国造は百姓から税を過度に取りたてないこと。」


第十三条、諸《もろもろ》の官に任《よさ》せる者同じく職掌《しょくしょう》を知れ。

「それぞれの役に任ぜられた者は、自分の職務を熟知せよ。」


第十四条、羣臣百寮《ぐんしんひゃくりょう》嫉妬あること無れ。

「上級官吏や役人は、そねみやねたみをもたないこと。」


第十五条、私に背き公に向くは是れ臣の道なり。

「私心をすてて、公に尽くすのは臣下への守るべき道理である。」

第十六条、民を使ふに時を以てするは古の良典なり。

「人民を使役するのに時節を考えることは、古くからのよき手本である。」

第十七条、夫れ事は獨《ひと》り斷《さだ》むべからず必ず衆と與《とも》に論《あげつら》ふべし。

「物事は独断で決めずに、必ず人々とともに協議すべし。」


第一条は、望ましい人間関係を構築するためには、互に認め合い、尊重し合うこと、人との和を大切にすることが必須であることを意味しています。

第四条は、羣卿百寮、つまり政府高官や一般官吏たちは、礼をいつも基本としなければならないとし、人民をおさめる根本は、必ず礼にあり、人民も礼を大切にすることで国家は安泰であるとしています。第五条は、飲食や財貨への欲望を棄てて訴訟を公明に裁くことが肝要であり、公正、公平に振る舞うことの重要性を述べたものです。第六条は善悪の判断、第七条は自分の務めを周到に果たすこと、第八条は勤勉励行、第九条は誠実、第十条は寛容心などと、人としてよりよく生きるといった視点が列記されています。

4 我が国の道理を支えるもの

十七条憲法を制定した聖徳太子は、法隆寺や四天王寺を建立するなど仏教を重視しました。

一方で、大和朝廷の改善・充実のために、国を治める上で重視すべき徳を、孔子が中心となって唱えた伝統的な学問である儒学に求めたものと考えられています。以下、儒教の経書の中で特に重要とされるものを紹介します。

■**四書**

・「大学」：礼についての解説・理論である『礼記《らいき》』の学問の根本の意義。
・「中庸」：人間の諸行為の根本の探究、人間の本性としての「誠」の充実。
・「論語」：人間の最高の徳としての仁、そこに至る礼と楽の学修。
・「孟子」：性善説を中心に仁義礼智を説き、有徳の君主が仁義に基づいて国を治める政道を提唱。

■**五経**

・「易経」：自然と人生との変化の法則を説く。
・「書経」：儒家の理想政治を述べたもの。
・「詩経」：中国最古の詩集。
・「礼記《らいき》」：礼についての解説・理論を述べたもの。
・「春秋」：中国の歴史書。

■ **孝経**

孝道（孝行の道）を理論的根拠として、封建社会における家族を中心とした道徳を説いたもの。

また、儒教では、五倫、五常として人として守るべき、人間関係に関わる道徳を示しています。

● **五倫**

・君臣の義：君主と臣下は互いに慈しみの心で結ばれなくてはならない。
・父子の親：父と子の間は親愛の情で結ばれなくてはならない。
・夫婦の別：夫には夫の役割、妻には妻の役割があり、それぞれ異なる。
・長幼の序：年少者は年長者を敬い、したがわなければならない。
・朋友の信：友は互いに信頼の情で結ばれなくてはならない。

● **五常**

・仁：主に他人に対する優しさを表し、儒教における最重要な徳。君子は仁者であるべきである。
・義：正しい行いを守ることであり、人間の欲望を追求する「利」と対立する概念。
・礼：様々な行事の中で規定されている動作や言行、服装や道具などの総称。人間関係を円滑に進める社会秩序を維持するための道徳的な規範。
・智：物の道理を知り、正しい判断を下す能力。
・信：欺かないこと。偽らないこと。忠実なこと。

5 道徳の意義

人間は、誰もが人間としてよりよく生きる資質をもって生まれてきます。人間としてよりよく生きる資質は、人間社会での様々な関わりや自己との対話を通して開花し、固有の人格が形成されます。その過程で人間は様々に夢を描き、希望をもち、悩み、苦しみ、人間としての在り方や生き方を自らに問い掛けます。この問い掛けを繰り返すことで、人格もまた磨かれていきます。そして、人間は、本来、人間としてよりよく生きたいという願いをもっています。この願いの実現を目指すところに道徳が成り立つのです。

●道徳教育とは

道徳教育は、人間が本来もっているよりよく生きたいという願いや、よりよい生き方を求め実践する人間の育成を目指し、その基盤となる道徳性を養う教育活動であり、人格形成の基本に関わるものです。

人が自己を主体的に形成することで、人格が形成されます。道徳が「自律」や「自由」を前提にしているのは、道徳的行為が自らの意志で決定された、責任のある行為を意味しているからです。人間は、とかく、本能や衝動によって押し流されやすく、自律的な行為をすることが難しいことも確かです。しかし、自己を律し節度をもつとき、はじめてより高い目標に向かって忍耐強く進むことができ、そこに人間としての誇りが生まれるのです。

道徳は、人と人との関係の中での望ましい生き方を意味しています。礼儀、感謝、親切などは、互いに人格を尊重しようとすることから生まれる望ましい生き方の現れでしょう。人はこうした心の絆を深めることで、人間愛の精神に支えられて強く生きることができます。そして、このことで人格の形成を図ることができるのです。

また、道徳は、人間社会の中で人間らしく生きようとする生き方という意味をもっています。人は、家族、学校、地域社会、国家、国際社会などの社会集団の中で、何らかの役割を果たしながら生きています。そして、法やきまりの意義を理解し、権利・義務や責任の自覚を通して互いに社会連帯の意識を高め、進んで公共の福祉に努めようとするのです。

さらに、道徳は、人間と生命や自然、崇高なものとの関わりをも含んでいます。人は自然の中で生きています。自然の恩恵なしには、生き続けることはできません。同時に、人は自らの有限性を知れば知るほど、謙虚な心をもち、人間の力を超えたものへの思いを深く抱きます。

道徳は、自分自身に関する面、他の人や社会集団に関わる面、自然や崇高なものと関わる面を併せもっています。そして、それぞれの面において、人間らしいよさを求め、人格の形成を図っていくところに道徳の意味があるのです。

人格の形成に終わりはなく、絶えず成長していこうとするところに、人間の特質があります。中学生の時期には、一般に自らの人生についての関心が高くなり、自分の人生をよりよく生きたいという内からの願いが強くなると言われています。一人一人の生徒の中に、よりよい人生を求めて懸命に努力している姿を認め、その生徒の願いを直視することから道徳教育は始まります。

道徳教育は、「人生いかに生きるべきか」という生き方の問題を追究する教育です。したがって、道徳教育では、生徒のよりよく生きようとする願いに応えるために、生徒と教師が共に考え、共に探究していくことが前提となるのです。

こうした、道徳の意義を基に、教師として自身の道徳及び道徳教育にもっていたイメージを振り返ることが、道徳及び道徳教育に対する理解を深めることにつながります。

第2章

公教育としての道徳教育

道徳教育は、小学校から高等学校まで法令に定められた学校教育で行われる教育指導です。本章では、法令や学習指導要領に基づいて公教育として行われる道徳教育について解説します。

1 公教育とは

中学校は、学校教育法に定められた学校です。この法律に定められた学校は中学校のほかに、幼稚園、小学校、義務教育学校、高等学校、中等教育学校、特別支援学校、大学、高等専門学校があります。

法律で定められた学校では、公教育が行われます。法律に定められた学校が、公の性質をもち、国や地方公共団体、そして、法律に定める法人だけが学校を設置することができることは教育基本法に規定されています。

公教育とは、国や都道府県、市区町村などが設置した学校で行われる教育だけではなく、私立学校で行う教育も公教育です。公教育は、我が国の公的な制度によって行う教育のことで、法令に基づいて教育を行うことが大原則です。

2 法令に基づく学校教育

我が国の教育についての基本的な考え方は、日本国憲法に示されています。そして、学校教育の大元の法律は、教育基本法です。公教育として、学校で生徒たちを教育する教師としては、次のような条文を知っておくことが求められます。

●教育の目的

第一条　教育は、人格の完成を目指し、平和で民主的な国家及び社会の形成者として必要な資質を備えた心身ともに健康な国民の育成を期して行われなければならない。

平成18年（2006）に教育基本法がおよそ60年ぶりに改正されましたが、我が国の教育が「人格の完成」を目指していることは変わっていません。昭和22年（1947）に教育基本法が公布された際に、文部省が示した「教育基本法制定の要旨」には、人格の完成について次のような記述があります。

人格の完成とは、個人の価値と尊厳との認識に基き、人間の具《そな》えるあらゆる能力を、できるかぎり、しかも調和的に発展せしめることである。しかし、このことは、決して国家及び社会への義務と責任を軽視するものではない。

人格については、例えば「人格者」と言えば、優れた人格を備えた人のことを指します。「優れた人格」があるとすれば、優れていない人格もあるということになるでしょう。教育が目指す人格は、当然優れた人格を指すものであり、周囲から尊敬を集めるような気高さという意味合いがあります。

それでは、教育を通して、どのように尊敬に値する気高さ、あるいは品位を養っていけばよいでしょうか。教育基本法では、「人格の完成」を目指すために、5つの目標を掲げています。

●教育の目標

第二条　教育は、その目的を実現するため、学問の自由を尊重しつつ、次に掲げる目標を達成するよう行われるものとする。

1　幅広い知識と教養を身に付け、真理を求める態度を養い、豊かな情操と道徳心を培うとともに、健やかな身体を養うこと。

2　個人の価値を尊重して、その能力を伸ばし、創造性を培い、自主及び自律の精神を養うとともに、職業及び生活との関連を重視し、勤労を重んずる態度を養うこと。

3　正義と責任、男女の平等、自他の敬愛と協力を重んずるとともに、公共の精神に基づき、主体的に社会の形成に参画し、その発展に寄与する態度を養うこと。

4　生命を尊び、自然を大切にし、環境の保全に寄与する態度を養うこと。

5　伝統と文化を尊重し、それらをはぐくんできた我が国と郷土を愛するとともに、他国を尊重し、国際社会の平和と発展に寄与する態度を養うこと。

教育基本法は、学校教育だけを規定するものではありません。学校教育をはじめ、家庭教育、社会教育などの教育の実施に関する基本が条文として示されています。とはいえ、5つの目標を学校教育が重く受け止めるのは当然のことです。

我が国において小学校及び中学校（「特別支援学校の小学部・中学部を含む」以下同じ）、義務教育学校、中等教育学校の前期中等教育は義務教育とされています。義務教育は、日本国憲法の教育の機会均等を示した第二十六条に、「すべて国民は、法律の定めるところにより、その保護する子女に普通教育を受けさせる義務を負ふ。義務教育は、これを無償とする」ことに基づいており、その目標は教育基本法の第五条の二項に「義務教育として行われる普通教育は、各個人の有する能力を伸ばしつつ社会において自立的に生きる基礎を培い、また、国家及び社会の形成者として必要とされる基本的な資質を養うことを目的として行われるものとする」とされています。

また、義務教育の年限は、学校教育法で満6歳に達した日の翌日以後の最初の学年の初めから、満12歳に達した日の属する学年の終わりまでが小学校、義務教育学校の前期課程又は特別支援学校の小学部に、小学校、義務教育学校の前期課程又は特別支援学校の小学部の課程を修了した日の翌日以後の最初の学年の初めから、満15歳に達した日の属する学年の終わりまでを中学校、義務教育学校の後期課程、中等教育学校の前期課程又は特別支援学校の中学部に就学させることとして示されています。

そして、「はじめに」でも記したように、学校教育法の第二十一条に、義務教育の目的を実現するための目標が次のように示されています。

1　学校内外における社会的活動を促進し、自主、自律及び協同の精神、規範意識、公正な判断力並びに公共の精神に基づき主体的に社会の形成に参画し、その発展に寄与する態度を養うこと。

2　学校内外における自然体験活動を促進し、生命及び自然を尊重する精神並びに環境の保全に寄与する態度を養うこと。

3　我が国と郷土の現状と歴史について、正しい理解に導き、伝統と文化を尊重し、それらをはぐくんできた我が国と郷土を愛する態度を養うとともに、進んで外国の文化の理解を通じて、他国を尊重し、国際社会の平和と発展に寄与する態度を養うこと。

4　家族と家庭の役割、生活に必要な衣、食、住、情報、産業その他の事項について基礎的な理解と技能を養うこと。

5　読書に親しませ、生活に必要な国語を正しく理解し、使用する基礎的な能力を養うこと。

6　生活に必要な数量的な関係を正しく理解し、処理する基礎的な能力を養うこと。

7　生活にかかわる自然現象について、観察及び実験を通じて、科学的に理解し、処理する基礎的な能力を養うこと。

8　健康、安全で幸福な生活のために必要な習慣を養うとともに、運動を通じて体力を養い、心身の調和的発達を図ること。

9　生活を明るく豊かにする音楽、美術、文芸その他の芸術について基礎的な理解と技能を養うこと。

10　職業についての基礎的な知識と技能、勤労を重んずる態度及び個性に応じて将来の進路を選択する能力を養うこと。

これらは、義務教育の目標であるため、生徒が中学校を卒業するまでに身に付けることなどを方向目標として示したものです。生徒に対して、目標に示されている資質や能力などが身に付くように指導することが求められているのです。

3 教育課程と道徳教育

さて、ここまで、日本国憲法、教育基本法、学校教育法に触れながら、公教育について述べてきましたが、まだ「道徳教育」という言葉も、国語科や社会科などの各教科等の教科名も出てきていません。

中学校において、義務教育の目標をどのように指導するのかは、学校教育法第四十八条において、中学校の教育課程に関する事項は文部科学大臣が定めることになっているのです。文部科学大臣が、法令などを施行するために出す命令を省令と言います。施行規則と言われるものがこれに該当します。学校教育法の効力を実現するためには、これまで述べてきた事柄をより具体化する必要があります。そこで、文部科学大臣がより具体的な命令を出すのです。

中学校教育については、学校教育法施行規則に様々な規定があります。中学校の教育課程は、学校教育法施行規則に次のように示されています。

> **第七十二条　中学校の教育課程は、国語、社会、数学、理科、音楽、美術、保健体育、技術・家庭及び外国語の各教科（以下本章及び第七章中「各教科」という。）、特別の教科である道徳、総合的な学習の時間並びに特別活動によつて編成するものとする。**

教科の名称は、施行規則で具体化します。学校教育法の義務教育の目標を見ていると、例えば、三項の「我が国と郷土の現状と歴史についての正しい理解」は社会科を中心に行うこと、四項の「生活に必要な衣、食、住、情報、産業その他の事項について基礎的な理解と技能」は技術・家庭科を中心に行うことなど、どのような教科で行うものかは想像できますが、中学校の段階で、国語科などの各教科から特別活動までを示したことは、これらの指導を通して、義務教育の目標に向けて指導するということなのです。

そして、それぞれの教科についてどの程度の授業を行えばよいか、授業時数は、学校教育法施行規則の別表に示されています。また、どのような指導を行うのかは、文部科学大臣が別途公示する学習指導要領によることになっています。この場合の公示とは、文部科学大臣が学校教育法施行規則に示された各教科等の目標や内容を補充するための文書（告示）を、広く国民に周知するということと捉えることができます。

学校において、具体的に指導する目標や内容などは、学習指導要領に示されています。学習指導要領に示されている事項を指導するためには、およそ別表に示した授業時数が必要ということで、標準授業時数としているのです。

学校教育法に記されている義務教育の目標には、具体的な教科で指導するようには示されていませんが、中学校の教科指導は義務教育の目標を目指して行われるものです。それぞれの条文と密接に関わる教科はどのようなものか考えてみたいものです。

4 学習指導要領に示されている道徳教育

これまで、中学校における教育課程の背景について述べてきましたが、学校における道徳教育とはどのようなものでしょうか。それは、学習指導要領に示されています。

学習指導要領で主として道徳教育について示している箇所は、「第1章　総則」と「第3章　特別の教科　道徳」です。道徳教育について、第1章と第3章に分けて示してあることには理由があります。

学習指導要領の構成は、「第1章　総則」「第2章　各教科」「第3章　特別の教科　道徳」「第4章　総合的な学習の時間」「第5章　特別活動」となっています。「第2章　各教科」は、

9つの節があって国語科から外国語科までの教科が示されています。第2章から第5章までは、学校教育法施行規則の中学校の教育課程に対応しています。それでは、総則とはどのようなものなのでしょうか。

総則とは、教育課程全体に共通して適用される原則を意味します。学習指導要領の総則の構成は、次のようになっています。

第1　中学校教育の基本と教育課程の役割
第2　教育課程の編成
　1　各学校の教育目標と教育課程の編成
　2　教科等横断的な視点に立った資質・能力の育成
　3　教育課程の編成における共通的事項
　4　学校段階間の接続
第3　教育課程の実施と学習評価
　1　主体的・対話的で深い学びの実現に向けた授業改善
　2　学習評価の充実
第4　生徒の発達の支援
　1　生徒の発達を支える指導の充実
　2　特別な配慮を必要とする生徒への指導

第5　学校運営上の留意事項
　1　教育課程の改善と学校評価、教育課程外の活動との連携等
　2　家庭や地域社会との連携及び協働と学校間の連携
第6　道徳教育に関する配慮事項

　これらの内容は、特定の教科だけでなく、学校の教育活動全体に関わるものです。

　さて、道徳教育の目標については、「第1　中学校教育の基本と教育課程の役割」の2に次のように示されています。


　学校における道徳教育は、特別の教科である道徳（以下「道徳科」という。）を要として学校の教育活動全体を通じて行うものであり、道徳科はもとより、各教科、総合的な学習の時間及び特別活動のそれぞれの特質に応じて、生徒の発達の段階を考慮して、適切な指導を行うこと。

　道徳教育は、教育基本法及び学校教育法に定められた教育の根本精神に基づき、人間としての生き方を考え、主体的な判断の下に行動し、自立した人間として他者と共によりよく生きるための基盤となる道徳性を養うことを目標とすること。

　道徳教育を進めるに当たっては、人間尊重の精神と生命に対する畏敬の念を家庭、学校、その他社会における具体的な生活の中に生かし、豊かな心をもち、伝統と文化を尊重し、

それらを育んできた我が国と郷土を愛し、個性豊かな文化の創造を図るとともに、平和で民主的な国家及び社会の形成者として、公共の精神を尊び、社会及び国家の発展に努め、他国を尊重し、国際社会の平和と発展や環境の保全に貢献し未来を拓く主体性のある日本人の育成に資することとなるよう特に留意すること。

これを見て分かるように、例えば「伝統と文化を尊重し」や「我が国と郷土を愛し」「公共の精神」「他国を尊重し」「国際社会の平和と発展」「環境の保全」などは、教育基本法の第二条「教育の目標」にある言葉です。また、学校教育法の第二一条の「義務教育の目標」にある言葉でもあります。

つまり、学校における道徳教育は、学校において教育基本法の理念を実現するための大切な役割を担っているのです。もちろん、国語科や社会科、数学科などの各教科や総合的な学習の時間、特別活動でも、それらの目標を実現することで教育基本法の理念につながることは言うまでもありません。道徳教育の目標は直接的に我が国の教育の目標につながっており、いかに大切な教育活動であるかが分かります。

第 **3** 章

道徳教育が目指すもの

道徳教育は、道徳的行為を可能とする道徳性を養うことを目標としています。本章では、道徳教育の機会や目標、留意事項について、学習指導要領の第1章総則の記述を基に解説します。

1 道徳教育の機会

総則の「第１　中学校教育の基本と教育課程の役割」に示されている道徳教育は、３つのまとまりになっています。前段に道徳教育をどのように行うのかといった道徳教育の場と機会、中段に道徳教育の目標、後段に道徳教育を行う上での留意事項が示されています。

（中学校）

学校における道徳教育は、特別の教科である道徳（以下「道徳科」という。）を要として学校の教育活動全体を通じて行うものであり、道徳科はもとより、各教科、総合的な学習の時間及び特別活動のそれぞれの特質に応じて、生徒の発達の段階を考慮して、適切な指導を行うこと。

なお、高等学校の規定は以下の通りです。

（高等学校）

学校における道徳教育は、人間としての在り方生き方に関する教育を学校の教育活動全体を通じて行うことによりその充実を図るものとし、各教科に属する科目（以下「各教科・科目」という。）、総合的な探究の時間及び特別活動（以下「各教科・科目等」という。）のそれぞれの特質に応じて、適切な指導を行うこと。

(1) 道徳教育は道徳科を要として学校の教育活動全体を通じて行う

学校における道徳教育は、道徳科の授業だけで行うものではありません。道徳科をはじめとして学校の教育活動全体を通して行うものです。各教科、総合的な学習の時間及び特別活動のそれぞれの特質に応じて、生徒の発達の段階を考慮して、適切な指導を行わなければならないということです。

このことは前述の通り、我が国の教育が目指しているのは人格の完成であり、中学校では義務教育の目標を目指して教育活動を行うために、各教科をはじめとする教育課程があり、具体的な指導を学習指導要領に基づいて行うということなのです。

教育基本法や学校教育法に示されている目標に含まれている多くの文言は、総則にある道徳教育の目標に示されています。このことから、教育の目標を実現するためには、週1時間の道徳科の授業を要としながらも、学校の教育活動全体で道徳教育を行うことが必要であることが分かります。

(2) 各教科、総合的な学習の時間及び特別活動のそれぞれの特質に応じて行う

各教科等における道徳教育の必要性は、中学校学習指導要領の全ての教科の「第3　指導計画の作成と内容の取扱い」に以下のように示されています。

■例：国語科

(9) 第1章総則の第1の2の(2)に示す道徳教育の目標に基づき、道徳科などとの関連を考慮しながら、第3章特別の教科道徳の第2に示す内容について、国語科の特質に応じて適切な指導をすること。

なお、高等学校においては道徳教育についての内容が設けられていないことから、各教科等にこうした記述はありません。

また、中学校の段階は、1年生の生徒と3年生の生徒とでは、発達の段階が異なっています。したがって、3年間の発達の段階を考慮して、それぞれの学年にふさわしい指導を行うことが必要になります。また、中学校に就学する前の小学校段階や卒業後に進学する高等学校段階への成長についても考慮して、見通しをもって中学校の時期にふさわしい指導を行うことが大切になります。これらのことが、「生徒の発達の段階を考慮する」ということなのです。

図1　道徳教育の機会のイメージ

中学校　学校の教育活動全体を通して

道徳性を養う指導

■ 各教科　総合的な学習の時間
特別活動で

■ 日常の生徒指導を通して

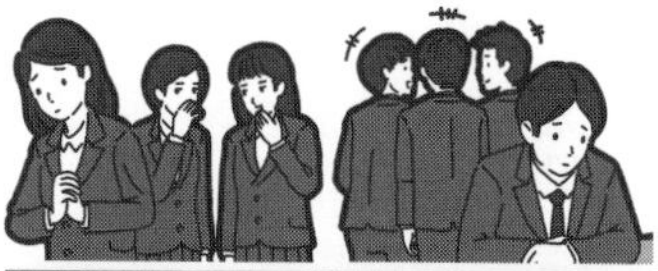

道徳的実践の指導

道徳科

● 週1時間の授業で

● 意図的・計画的に

● 将来、様々な場面で
主体的に道徳的な行為が
できるように

内面的資質の育成

高等学校　学校の教育活動全体を通して

道徳性を養う指導

■ 各教科　総合的な探究の時間
特別活動で

■ 日常の生徒指導を通して

公共、論理、
特別活動

道徳的実践の指導

内面的資質の育成

道徳科と道徳科以外の道徳教育にはどのような違いがあるのでしょうか。このことについては後述することとします。

2 道徳教育の目標

（中学校）

道徳教育は、教育基本法及び学校教育法に定められた教育の根本精神に基づき、人間としての生き方を考え、主体的な判断の下に行動し、自立した人間として他者と共によりよく生きるための基盤となる道徳性を養うことを目標とすること。

（高等学校）

道徳教育は、教育基本法及び学校教育法に定められた教育の根本精神に基づき、生徒が自己探求と自己実現に努め国家・社会の一員としての自覚に基づき行為しうる発達の段階にあることを考慮し、人間としての在り方生き方を考え、主体的な判断の下に行動し、自立した人間として他者と共によりよく生きるための基盤となる道徳性を養うことを目標とすること。

学校における道徳教育の目標にある、教育基本法や学校教育法に定められた教育の根本精神とは、我が国の最高法規である日本国憲法に基づくものであることは言うまでもありません。つまり、日本国憲法に掲げられた民主的で文化的な国家をさらに発展させるとともに、世界の平和と人類の福祉の向上に貢献する国民の育成、そして人格の完成を目指すために我が国の教育の根本精神としているのです。

道徳教育は、これらの理念と関わりが深いこと、道徳教育の目標にこれらの文言が数多く含まれていることはすでに述べましたが、具体的には次のような事項が目標とされています。

(1) 教育基本法及び学校教育法に定められた教育の根本精神に基づく

教育基本法及び学校教育法に定められた教育の根本精神とは、32ページの「法令に基づく学校教育」で述べたところですが、教育基本法、学校教育法及び学校教育法施行規則などの法令のうち、教育基本法の全文と学校教育法及び学校教育法施行規則の関係条文は、平成20年（2008）3月告示の学習指導要領から巻頭に掲載されています。それらが、教育の根本精神に該当するものです。

(2) 人間としての生き方を考える（中学校）

中学生の時期は、人生に関わる様々な問題への関心が高まり、人生の意味をどこに求め、いかによりよく生きるかという人間としての生き方を、主体的に模索し始める時期であると言われています。人間の最大の関心は、人生の意味をどこに求め、いかによりよく生きるかということにあり、道徳はこのことに直接関わるものです。

人生は、誰かの人生ではなく、一人一人の生徒が自分自身の人生として考えるべきものです。他者や社会、周囲の世界の中でその影響を受けつつ、自分を深く見つめ、在るべき自分の姿を描きながら生きていかなければならないのです。その意味で、人間は、自らの生きる意味や自己の存在価値に関わることについては、全人格をかけて取り組むと考えられています。

また、人間としての生き方の自覚は、人間とは何かについての探求とともに深められます。人間についての深い理解なしに、生き方の深い自覚が生まれることは考えにくいと言えるでしょう。言い換えれば、人間についての深い理解と、それを視点として行為の主体としての自己を深く見つめることとの接点に、生き方についての深い自覚が生まれていくのです。そのことが、主体的な判断に基づく適切な行為の選択や、よりよく生きていこうとする道徳的実践へつながっていくことになります。

このような視点に立って、生徒が人間としての生き方について考えを深められるように、様々な指導方法を工夫していく必要があります。

(3) 人間としての在り方生き方を考える（高等学校）

人間は、置かれている状況や立場が異なり、全て同じ生き方をすることは考えられません。同一の状況の下でも、生き方が異なることは少なくありません。問題に遭遇した際には、考えられる生き方の選択肢の中から、一定の行為を自分自身の判断基準に基づいて選択します。このことが、主体的に判断し行動するということです。社会の変化に対応して主体的に判断し行動できるようにするためには、選択可能な選択肢の中から自分らしい、よりよい生き方を選ぶ上で必要な、自分自身に固有な選択基準・判断基準をもたなければなりません。このような自分自身に固有な選択基準・判断基準は、生徒一人一人が人間としての在り方を問うことを通して形成されていきます。

また、このようにして形成された生徒一人一人の人間としての在り方についての基本的な考え方が、自分自身の判断と行動の選択基準となるのです。

この自分自身に固有な選択基準・判断基準は、具体的には、様々な体験や思索の機会を通して、自らの考えを深めることにより形成されていくものです。このことは、個々の価値観とも言えます。

人間としての在り方生き方に関する教育においては、教師の一方的な押し付けや単なる先哲の思想の紹介にとどまることのないように留意し、人間としての在り方生き方について生徒が自ら考え、自覚を深めて自己実現に資するように指導の計画や方法を工夫することが重要です。

(4)　主体的な判断の下に行動する

人間尊重の精神は、生命の尊重、人格の尊重、人権の尊重、人間愛などの根底を貫く精神であると言われています。日本国憲法にある「基本的人権の尊重」や、教育基本法の「人格の完成」などにもつながるものです。

生命に対する畏敬の念は、人間の存在の根本である生命そのものを気高く、偉大であると深く思うことであり、人間存在の基本的精神と言えます。生命のかけがえのなさに気付き、生命あるものを慈しみ、畏れ、敬い、尊ぶことを意味しています。ここでの生命とは、人間だけの生命ではなく、生きとし生けるもの全ての生命を含んでいます。

昨今の課題である動物虐待や動植物の乱獲などは、このような思いの下にはあり得ないことです。人間の生命は、生きとし生けるもの全ての生命との関係や、調和の中で存在し生かされていることを自覚できるようにすることが求められます。

(5)　道徳性を養う

道徳教育の目標を端的に言うと、道徳性を養うことです。道徳性とは何でしょうか。道徳性については様々な学者が研究し、様々な論を展開していますが、学校における道徳教育を進める場合には、次のように捉えておくとよいでしょう。

人間としての本来的な在り方やよりよい生き方を目指してなされる道徳的行為を可能にする人格的特性であり、人格の基盤をなすもの。

それでは、道徳的行為を可能にする人格的特性とはどのようなものでしょうか。道徳的行為は、人間としてよりよく生きるために行う行為です。人間としてよりよく生きるためには、人間として生きるために道徳的価値が大切であることを理解し、様々な状況において人間としてどのように対処するべきかを判断する力が必要になります。これを道徳的判断力と言います。また、人間としてよりよく生きる上で大切なもの、つまり道徳的価値の大切さを感じ取り、善を行うことを喜び、悪を憎むような感情をもつことが求められます。この感情が道徳的心情です。さらに、道徳的判断力や道徳的心情に基づいて大切だと思ったことを実際に行おうとする意欲、これを道徳的実践意欲と言い、これと併せて道徳的判断力や道徳的心情、道徳的実践意欲に支えられた具体的な道徳的行為への身構えである道徳的態度が大切になります。

一方、長い間繰り返し行ううちに、習慣として身に付けられた望ましい日常的な行動の在り方である道徳的習慣を道徳性に含める考え方もあります。この最も基本となるものが基本的な生活習慣と呼ばれているものです。これらの道徳的判断力、道徳的心情、道徳的実践意欲、道徳的態度を道徳性の様相と言います。道徳教育を行う場合は、これらについても知っておく必要があります。

このように、学校における道徳教育は、学校の教育活動全体を通して、人間尊重の精神と生命に対する畏敬の念をはじめとして、豊かな心、伝統と文化の尊重など未来を拓く主体性のある日本人を育成するための基盤としての道徳性を養うことを目標としています。したがって、これらの道徳性は、道徳科だけでなく、各教科でも、総合的な学習の時間でも、特別活動でも養うべきものなのです。

また、道徳教育では、道徳的判断力、道徳的心情などの生徒の内面に関わるものや、道徳的習慣、道徳的行為といった行動として表れるものについての指導が求められています。

3 道徳教育の留意事項

道徳教育を進めるに当たっては、人間尊重の精神と生命に対する畏敬の念を家庭、学校、その他社会における具体的な生活の中に生かし、豊かな心をもち、伝統と文化を尊重し、それらを育んできた我が国と郷土を愛し、個性豊かな文化の創造を図るとともに、平和で民主的な国家及び社会の形成者として、公共の精神を尊び、社会及び国家の発展に努め、他国を尊重し、国際社会の平和と発展や環境の保全に貢献し未来を拓く主体性のある日本人の育成に資することとなるよう特に留意すること。

（中学校学習指導要領第1章総則第1の2⑵）

(1) 人間尊重の精神と生命に対する畏敬の念を家庭、学校、その他社会における具体的な生活の中に生かす

①人間尊重の精神

これは生命の尊重、人格の尊重、基本的人権、人間愛などの根底を貫く精神です。日本国憲法に記されている「基本的人権」や、教育基本法に示されている「人格の完成」、さらには、国際連合教育科学文化機関憲章（ユネスコ憲章）における「人間の尊厳」の精神も根本において共通するものです。民主的な社会において、人格の尊重は、自己の人格のみではなく、他の人々の人格をも尊重することであり、また、権利の尊重は、自他の権利の主張を認めるとともに、権利の尊重を自己に課するという意味で、互いに義務と責任を果たすことを求めるものです。具体的な人間関係の中で道徳性を養い、それによって人格形成を図るという趣旨に基づいて、「人間尊重の精神」という言葉を用いています。

②生命に対する畏敬の念

生命に対する畏敬の念は、生命のかけがえのなさに気付き、生命あるものを慈しみ、畏れ、敬い、尊ぶことを意味します。このことにより人間は、生命の尊さや生きることのすばらしさの自覚を深めることができます。生命に対する畏敬の念に根ざした人間尊重の精神を培うことによって、人間の生命があらゆる生命との関係や調和の中で存在し、生かされていることを自

覚できます。

さらに、生命あるもの全てに対する感謝の心や思いやりの心を育み、より深く自己を見つめながら、人間としての在り方や生き方の自覚を深めていくことができます。これは、生徒の自殺やいじめに関わる問題、環境問題などを考える上でも、常に根本において重視すべき事柄でもあります。

③家庭、学校、その他社会における具体的な生活の中に生かす

道徳教育は、学校が担う教育指導ですが、その成果は学校だけに留まるものではありません。学校での道徳教育の成果を、家庭や地域社会において確かめることは困難ですが、道徳教育は、人間尊重の精神と生命に対する畏敬の念を生徒自らが培い、それらを日常の家庭や地域での具体的な行動として現れることを期して行うようにすることが求められます。

(2) 豊かな心をもつ

豊かな心とは、例えば、困っている人には優しく声を掛ける、ボランティア活動など人の役に立つことを進んで行う、喜びや感動を伴って植物や動物を育てる、自分の成長を感じ生きていることを素直に喜ぶ、美しいものを美しいと感じることができる、他者との共生や異なるものへの寛容さをもつなどの感性及びそれらを大切にする心などです。道徳教育は、生徒一人一

人が日常生活においてこのような心を育み、生きていく上で必要な道徳的価値を理解し、自己を見つめることを通して、固有の人格を形成していくことができるようにすることが大切です。

学習指導要領の理念である「生きる力の育成」の「生きる力」は、平成8年（1996）の中央教育審議会答申「21世紀を展望した我が国の教育の在り方について（第一次答申）」で示された考え方です。

この答申の中で、「生きる力」は、これからの変化の激しい社会で、様々な場面で他人と協調しながら自律的に社会生活を送っていくために必要となる力として、3つの要素で説明されています。

①自分で課題を見つけ、自ら考え、自ら問題を解決していく資質や能力
②美しいものや自然に感動する心といった柔らかな感性、よい行いに感銘し、間違った行いを憎むといった正義感や公正さを重んじる心、生命を大切にし、人権を尊重する心などの基本的な倫理観や、他人を思いやる心や優しさ、相手の立場になって考えたり、共感したりすることのできる温かい心、ボランティアなど社会貢献の精神
③これらを支える基盤としての健康や体力

現在の学習指導要領でも、生きる力を育むことを目指しています。生きる力の要素も、次のように平成8年の答申を踏襲しています。

①基礎・基本を確実に身に付け、いかに社会が変化しようと、自ら課題を見つけ、主体的に判断し、行動し、よりよく問題を解決する資質や能力
②自らを律しつつ、他人とともに協調し、他人を思いやる心や感動する心などの豊かな人間性
③たくましく生きるための健康や体力

生徒の心の育成を語る場合に、「豊かな心」という文言が使われることが少なくありません。これは、生きる力の要素である「豊かな人間性」と考えてよいでしょう。具体的な内容は、前述のような、美しいものや自然に感動する心、正義感や公正さを重んじる心、生命を大切にし、人権を尊重する心、他人を思いやる心や優しさ、相手の立場になって考えたり、共感したりすることのできる温かい心、ボランティアなど社会貢献の精神などです。学校教育の中でこれらの心を育み、人格を形成していくことができるようにすることが道徳教育の使命なのです。

(3) 伝統と文化を尊重し、それらを育んできた我が国と郷土を愛する

伝統は、思想、芸術、社会的慣習、技術などの有形無形の系統を伝えることであり、文化は、

学問、芸術、道徳、宗教など、人間の精神の働きによってつくり出され、物心ともに豊かな生活を高めるための新たな価値を生み出すものと考えられています。伝統や文化は、それぞれの国や地域に存在し、互いに尊重されなければならないものですが、ここでの伝統、文化とは我が国の全国各所のそれを指しています。

昨今の急速な技術革新によって、従来の国や地域といった物理的な垣根を越え、政治、文化、経済などが世界規模で拡大していくグローバル化が進展しています。そのような状況の中で、2015年9月の国連サミットにおいて、「持続可能な開発のための2030アジェンダ」が加盟国の全会一致で採択されました。そこに記載された2030年までに持続可能でよりよい世界を目指す国際目標である「持続可能な開発目標」(SDGs：Sustainable Development Goals)に向けた取組が、地球規模で進められています。これらの目標は、世界中の人々が手を携えて解決すべき問題ですが、そのための協調、協力には人々の相互理解が不可欠であり、自分と異なる考えや価値観を受け入れる異文化理解が重要になります。そして、異文化理解の軸となるものが個々人のアイデンティティです。つまり、自分が他者とは異なる独自性をもった存在としての確信を基本として、他者を受け止め、受け入れることが求められます。そのためには、自分が特定の集団の一員であるという意識や感覚である帰属意識を明確にすることが大切であり、日本人としてのアイデンティティを育むことが必要となるのです。

道徳教育の留意事項として、「我が国の伝統と文化を尊重し、それらを育んできた我が国と郷土を愛する」ことが挙げられていることには、こうした背景があるのです。

(4) 個性豊かな文化の創造を図る

個性とは、他から区別させている固有の性質であり、個性豊かな文化とは、我が国らしさ、我が国固有の文化を意味します。個性豊かな文化の継承・発展・創造のためには、先人の残した有形・無形の文化的遺産の価値を認識し、それを生み出した日本人としての心に思いをはせ、それらを継承し発展させることが大切です。

そのためにも、日本人としての自覚をもって、文化の継承・発展・創造と社会の発展に貢献し得る能力や態度が養われなければならないのです。

(5) 平和で民主的な国家及び社会の形成者として、公共の精神を尊び、社会及び国家の発展に努める

我が国の最高法規である日本国憲法の前文には、以下のような記述があります。

> 日本国民は、恒久の平和を念願し、人間相互の関係を支配する崇高な理想を深く自覚するのであつて、平和を愛する諸国民の公正と信義に信頼して、われらの安全と生存を保持しようと決意した。

日本人は、個としての尊厳を有するとともに、平和で民主的な国家及び社会を形成する一人としての社会的存在でもあり、身近な集団だけでなく社会や国家の一員としての様々な帰属意識を有しています。一人一人がそれぞれの個性、自分らしさを所属する集団の中で生かし、よりよい集団や社会を形成していくためには、個としての尊厳とともに社会全体の利益を実現しようとする公共の精神が必要になります。このことは、義務教育の方向性として、教育基本法第五条に以下のように示されています。

義務教育として行われる普通教育は、各個人の有する能力を伸ばしつつ社会において自立的に生きる基礎を培い、また、国家及び社会の形成者として必要とされる基本的な資質を養うことを目的として行われるものとする。

また、平和で民主的な社会は、国民主権、基本的人権、自由、平等などの民主主義の理念の実現によって達成されます。このことは日本国憲法に規定されていますが、これらの実現は、個々の日本人の自覚によってなされるものです。したがって、道徳教育においては、こうした人間尊重の精神に支えられた法令の基盤となっている道徳的な生き方を問題にするという視点にも留意する必要があります。

⑹ 他国を尊重し、国際社会の平和と発展や環境の保全に貢献する

民主的で文化的な国家をさらに発展させるとともに、世界の平和と人類の福祉の向上に貢献することは、日本国憲法及び教育基本法の前文において、以下のように示されています。

（日本国憲法）

われらは平和を維持し、専制と隷従、圧迫と偏狭を地上から永遠に除去しようと努めている国際社会において、名誉ある地位を占めたいと思う。われらは、全世界の国民が、ひとしく恐怖と欠乏から免かれ、平和のうちに生存する権利を有することを確認する。

われらは、いずれの国家も、自国のことのみに専念して他国を無視してはならないのであって、政治道徳の法則は、普遍的なものであり、この法則に従うことは、自国の主権を維持し、他国と対等関係に立とうとする各国の責務であると信ずる。

（教育基本法）

我々日本国民は、たゆまぬ努力によって築いてきた民主的で文化的な国家を更に発展させるとともに、世界の平和と人類の福祉の向上に貢献することを願うものである。

これらのことを、観念的に捉えるのではなく、日常生活の中で具現化することが重要です。

(7) 未来を拓く主体性のある日本人を育成する

未来を拓く主体性のある人間とは、常に前向きな姿勢で未来に夢や希望をもち、自主的に考え、自律的に判断し、決断したことは積極的かつ誠実に実行し、その結果について責任をもつことができる人間を意味します。このことは、人間としての在り方の根本に関わるものですが、ここで特に日本人と示しているのは、歴史的・文化的に育まれてきた日本人としての自覚をもって文化の継承、発展、創造を図り、民主的な社会の発展に貢献するとともに、国際的視野に立って世界の平和と人類の発展に寄与し、世界の人々から信頼される人間の育成を目指しているからです。

第4章

道徳教育の内容

中学校の道徳教育には4つの視点により、22の内容項目が設定されていること、内容項目には、人間としてよりよく生きる上で必要とされる道徳的価値が含まれていることなどを具体的に解説します。

1 道徳教育の内容

道徳教育の目標は「第3章　道徳教育が目指すもの」で述べたところですが、学校の教育活動全体で行う道徳教育の内容は、特別の教科　道徳の内容が適用されます。

このことについては、学習指導要領第1章総則の「第2　教育課程の編成」において、以下のような記述があります。

3　教育課程の編成における共通的事項

カ　道徳科を要として学校の教育活動全体を通じて行う道徳教育の内容は、第3章特別の教科道徳の第2に示す内容とし、その実施に当たっては、第6に示す道徳教育に関する配慮事項を踏まえるものとする。

2 内容項目の基本的な考え方

特別の教科　道徳の内容は、教師と生徒が人間としてのよりよい生き方を求め、共に考え、共に語り合い、その実行に努めるための共通の課題であり、生徒自らが道徳性を養うための手掛かりとなるものです。

学校の教育活動全体を通して、生徒自らが調和的な道徳性を養うための具体的な内容として、中学校においては22の内容項目が設定されています。これらの内容項目には、生徒が中学校の3学年間に、人間として他者と共によりよく生きていく上で学ぶことが必要と考えられる道徳的価値が含まれています。そして、それぞれの内容は短い文章で平易に表現されています。なお、内容項目によって含まれる道徳的価値の数は異なります。

また、平成27年の道徳教育の改善によって、個々の内容項目には端的に表す言葉が付記されました。なお、内容項目の指導に当たっては、内容を端的に表す言葉そのものを教え込んだり、観念的な理解にとどまるような指導になったりすることがないよう留意する必要があります。一人一人の生徒が自分の経験やそれに伴う感じ方、考え方を背景に、内容項目に含まれている道徳的価値の理解を基に自己を見つめ、物事を広い視野から多面的・多角的に考え、人間としての生き方についての考えを深めることができるように指導することが大切です。

これらの道徳的価値の自覚を深める指導を通して、生徒自らが成長を実感したり、これからの課題や目標を見付けたりして、人間としての生き方についての考えを深める学習ができるように工夫する必要があるのです。

3 4つの視点

道徳科の内容項目は、以下の4つの視点ごとに示されています。

A　主として自分自身に関すること
B　主として人との関わりに関すること
C　主として集団や社会との関わりに関すること
D　主として生命や自然、崇高なものとの関わりに関すること

(1) A　主として自分自身に関すること

自己の在り方を自分自身との関わりで捉え、望ましい自己の形成を図ることに関するものです。

グローバル化、情報化、科学技術の進展など、社会の急速な変化に対応できるようにするためには、自ら学び、自ら考え、主体的に判断し、行動し、よりよく問題を解決する資質や能力を養うことが求められます。そのためには、一人一人が個の確立を図ることが重要です。一人一人にこうした資質や能力が備わることで、他者や集団、社会との豊かな関わりが期待できるのです。

「A　主として自分自身に関すること」は、個の確立に関わる道徳的価値を含んだ内容項目です。

(2) B　主として人との関わりに関すること

道徳の内容項目を、今次の学習指導要領において4つの視点で示すようになったのは、平成元年（1989）の改訂からです。平成元年から平成20年の改訂までは、以下のような視点の下に内容項目が示されていました。

1　主として自分自身に関すること。
2　主として他の人とのかかわりに関すること。
3　主として自然や崇高なものとのかかわりに関すること。
4　主として集団や社会とのかかわりに関すること。

現行の「B　主として人との関わりに関すること」は、自己を人との関わりにおいて捉え、望ましい人間関係の構築を図ることに関するものですが、「他の人」から「人」に改められました。その背景には、「他の人」が自分以外の人、あるいはつながりのない人という捉え方ではなく、教育基本法の教育の目標にある「自他の敬愛と協力を重んずる」という文言の「自他」の「他」、つまり、単に自分ではない他人というだけでなく、『日本国語大辞典』（小学館）が説明している「人」、つまり「存在、行為、思考、あるいは性質、状態などの主体としての人間」という捉え方に改めたものと考えることができます。

私たちは、決して自分一人だけでは生きていくことはできません。多くの人々と心身ともに支え合いながら生きています。そこで重要になることが、豊かな人間関係の構築です。豊かな人間関係の基盤は、互いの人格、あるいは相手の存在価値を認め合うことです。

「B　主として人との関わりに関すること」は、このような望ましい人間関係の構築を図ることに関するものと言えます。

(3)　C　主として集団や社会との関わりに関すること

ここでの集団とは、人の集まりです。集団とは、2人以上の人々で形成される集合体であると言われます。心理学では、単に人々が集まっただけの集合体は集合と呼び、集団とは区別されます。集団の特徴としては、成員間で継続的に相互作用が行われていること、規範の形成が見られること、成員に共通の目標とその目標達成のための協力関係が存在すること、地位や役割の分化とともに全体が統合されていること、外部との境界が意識されていること、仲間意識や集団への愛着が存在していることなどがあります。なお、集団は、必ずしもこれら特徴を全て備えている必要はないと言われています（『最新　心理学事典』（平凡社）による）。

また、社会は、一般的に、家庭や学校を取り巻く人々が、互いに関わり合って生きて暮らしていく場です。こうした場を生徒の発達の過程から概観すると、誕生と同時にその一員となる家庭、また家庭を取り巻く地域社会、幼児期の保育、教育機関としての保育所や幼稚園、学齢と同時に就学する小学校、中学校などが挙げられます。さらには、市区町村、都道府県、国家、国際社会への一員にもなります。こうした集団や社会とそこに所属する自己との関わりを考えることは、これらの発展、充実の基盤となることにつながります。

「C　主として集団や社会との関わりに関すること」は、自己を様々な社会集団や郷土、国家、国際社会との関わりにおいて捉え、国際社会と向き合うことが求められている我が国に生きる日本人としての自覚に立ち、平和で民主的な国家及び社会の形成者として必要な道徳性を養うことに関するものと言えます。

(4)　D　主として生命や自然、崇高なものとの関わりに関すること

私たちの日常には、人間の力ではコントロールできないもの、いわゆる人間の力を超えたものが存在しています。

例えば、生命です。私たち人間の生命は、医学の発達、薬学の発展などで延命が可能になりましたが、個々の寿命といった生命の限界はコントロールしきれないでしょう。また、気象予測が発達し、相当程度の予報が可能になりましたが、昨今の台風や集中豪雨など異常気象への万全の対応は不可能です。人間は自然を支配することはできません。一方で、人間は自然から

様々な恩恵を受けています。私たちがよりよく生きるためには、生命や自然、崇高なものと自分自身との関わりを考えることは必要です。

「D　主として生命や自然、崇高なものとの関わりに関すること」は、自己を生命や自然、美しいもの、気高いもの、崇高なものとの関わりにおいて捉え、人間としての自覚を深めることに関するものなのです。

この4つの視点は、図2のように相互に深い関連をもっています。例えば、自律的な人間であるためには、Aの視点の内容が基盤となって、他の3つの視点の内容に関わり、再びAの視点に戻ることが必要になります。また、Bの視点の内容が基盤となって、Cの視点の内容に発展してきます。

さらに、A及びBの視点から自己の在り方を深く自覚すると、Dの視点がより重要になります。そして、Dの視点からCの視点の内容を捉えるこ

図2　内容項目の考え方　―4つの視点―

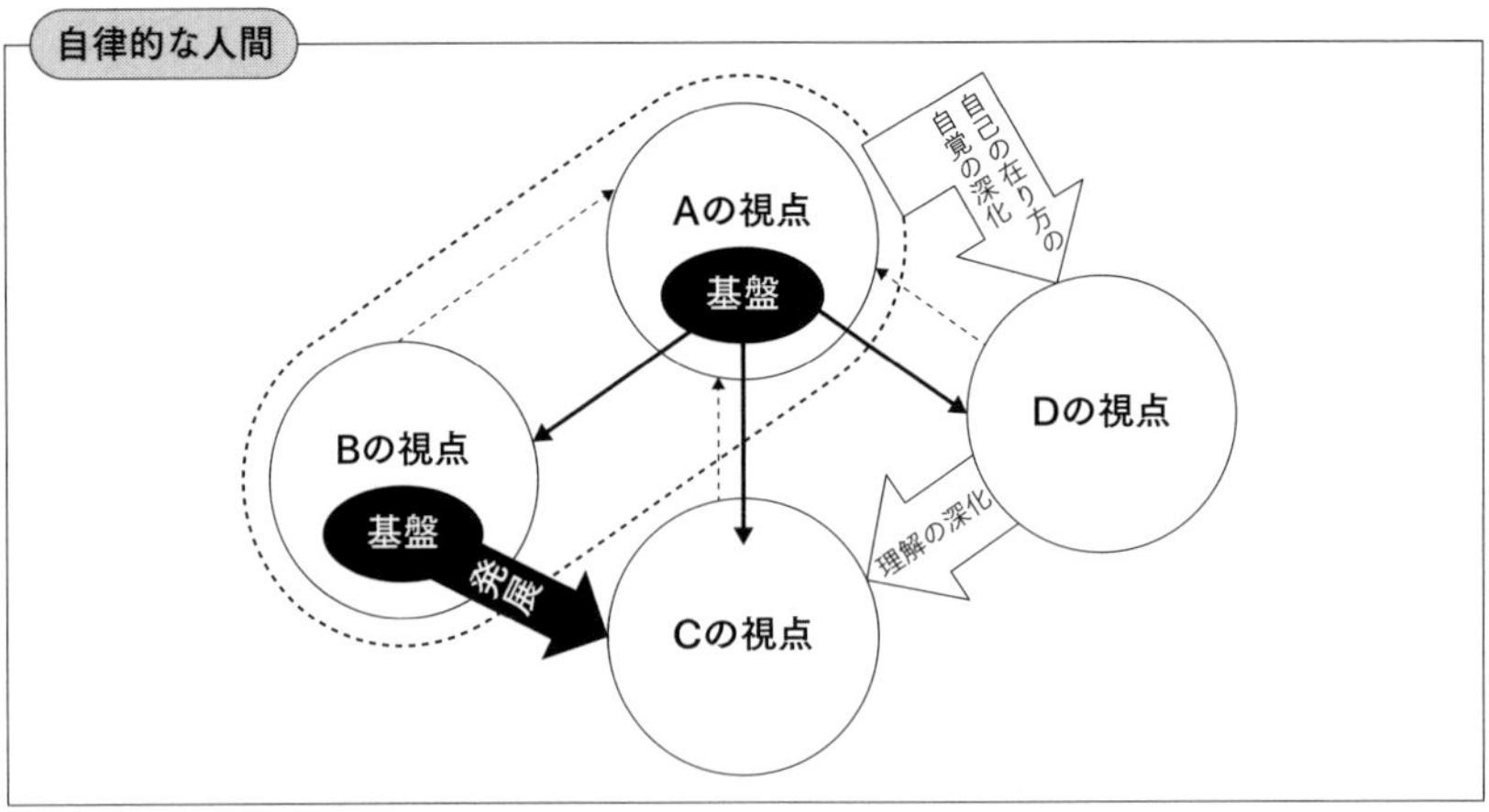

とにより、その理解は一層深められます。このような関連を考慮しながら、4つの視点に含まれる全ての内容項目を適切に指導することが求められるのです。

4 中学校における道徳科の内容項目

道徳科の内容項目は、よりよく生きるために必要とされ、人間としての在り方や生き方の礎となる道徳的価値を、発達の段階を考慮して生徒一人一人が道徳的価値観を形成する上で必要なものとして取り上げたものです。

平成27年の学習指導要領の一部改正では、それぞれの内容項目を概観するとともに、内容項目の全体像を把握することにも資するよう、前述の通りその内容を端的に表す言葉を付記しました。また、『中学校学習指導要領（平成29年告示）解説　特別の教科　道徳編』においては、小学校との系統性の配慮から、小学校の内容項目を示すとともに、内容項目ごとの概要、指導の要点を記しています。以下、中学校の内容項目を示します。

A　主として自分自身に関すること

●［自主、自律、自由と責任］

自律の精神を重んじ、自主的に考え、判断し、誠実に実行してその結果に責任をもつこと。

● **［節度、節制］**

望ましい生活習慣を身に付け、心身の健康の増進を図り、節度を守り節制に心掛け、安全で調和のある生活をすること。

● **［向上心、個性の伸長］**

自己を見つめ、自己の向上を図るとともに、個性を伸ばして充実した生き方を追求すること。

● **［希望と勇気、克己と強い意志］**

より高い目標を設定し、その達成を目指し、希望と勇気をもち、困難や失敗を乗り越えて着実にやり遂げること。

● **［真理の探究、創造］**

真実を大切にし、真理を探究して新しいものを生み出そうと努めること。

B　主として人との関わりに関すること

●［思いやり、感謝］

思いやりの心をもって人と接するとともに、家族などの支えや多くの人々の善意により日々の生活や現在の自分があることに感謝し、進んでそれに応え、人間愛の精神を深めること。

●［礼儀］

礼儀の意義を理解し、時と場に応じた適切な言動をとること。

●［友情、信頼］

友情の尊さを理解して心から信頼できる友達をもち、互いに励まし合い、高め合うとともに、異性についての理解を深め、悩みや葛藤も経験しながら人間関係を深めていくこと。

●［相互理解、寛容］

自分の考えや意見を相手に伝えるとともに、それぞれの個性や立場を尊重し、いろいろなものの見方や考え方があることを理解し、寛容の心をもって謙虚に他に学び、自らを高めていくこと。

C　主として集団や社会との関わりに関すること

●［**遵法精神、公徳心**］

法やきまりの意義を理解し、それらを進んで守るとともに、そのよりよい在り方について考え、自他の権利を大切にし、義務を果たして、規律ある安定した社会の実現に努めること。

●［**公正、公平、社会正義**］

正義と公正さを重んじ、誰に対しても公平に接し、差別や偏見のない社会の実現に努めること。

●［**社会参画、公共の精神**］

社会参画の意識と社会連帯の自覚を高め、公共の精神をもってよりよい社会の実現に努めること。

●［**勤労**］

勤労の尊さや意義を理解し、将来の生き方について考えを深め、勤労を通じて社会に貢献すること。

●【家族愛、家庭生活の充実】
父母、祖父母を敬愛し、家族の一員としての自覚をもって充実した家庭生活を築くこと。

●【よりよい学校生活、集団生活の充実】
教師や学校の人々を敬愛し、学級や学校の一員としての自覚をもち、協力し合ってよりよい校風をつくるとともに、様々な集団の意義や集団の中での自分の役割と責任を自覚して集団生活の充実に努めること。

●【郷土の伝統と文化の尊重、郷土を愛する態度】
郷土の伝統と文化を大切にし、社会に尽くした先人や高齢者に尊敬の念を深め、地域社会の一員としての自覚をもって郷土を愛し、進んで郷土の発展に努めること。

●【我が国の伝統と文化の尊重、国を愛する態度】
優れた伝統の継承と新しい文化の創造に貢献するとともに、日本人としての自覚をもって国を愛し、国家及び社会の形成者として、その発展に努めること。

●【国際理解、国際貢献】
世界の中の日本人としての自覚をもち、他国を尊重し、国際的視野に立って、世界の平和と人類の発展に寄与すること。

D　主として生命や自然、崇高なものとの関わりに関すること

●［生命の尊さ］

生命の尊さについて、その連続性や有限性なども含めて理解し、かけがえのない生命を尊重すること。

●［自然愛護］

自然の崇高さを知り、自然環境を大切にすることの意義を理解し、進んで自然の愛護に努めること。

●［感動、畏敬の念］

美しいものや気高いものに感動する心をもち、人間の力を超えたものに対する畏敬の念を深めること。

●［よりよく生きる喜び］

人間には自らの弱さや醜さを克服する強さや気高く生きようとする心があることを理解し、

人間として生きることに喜びを見いだすこと。

5 小学校の内容項目と中学校の内容項目の系統

4つの視点の内容項目について、小学校から系統性を表すと、次ページの図3のようになります。

Aの視点では、小学校の［善悪の判断、自律、自由と責任］と［正直、誠実］が、中学校では［自主、自律、自由と責任］に統合されます。

また、Bの視点では、小学校の［親切、思いやり］と［感謝］が、中学校では［思いやり、感謝］に統合されます。

Cの視点では、小学校の［勤労、公共の精神］が、中学校では［社会参画、公共の精神］と［勤労］に、［伝統と文化の尊重、国や郷土を愛する態度］が［郷土の伝統と文化の尊重、郷土を愛する態度］と［我が国の伝統と文化の尊重、国を愛する態度］に分化します。

指導に当たっては、内容項目の系統性についても理解することが求められます。

図3　内容項目の系統図（A・B）

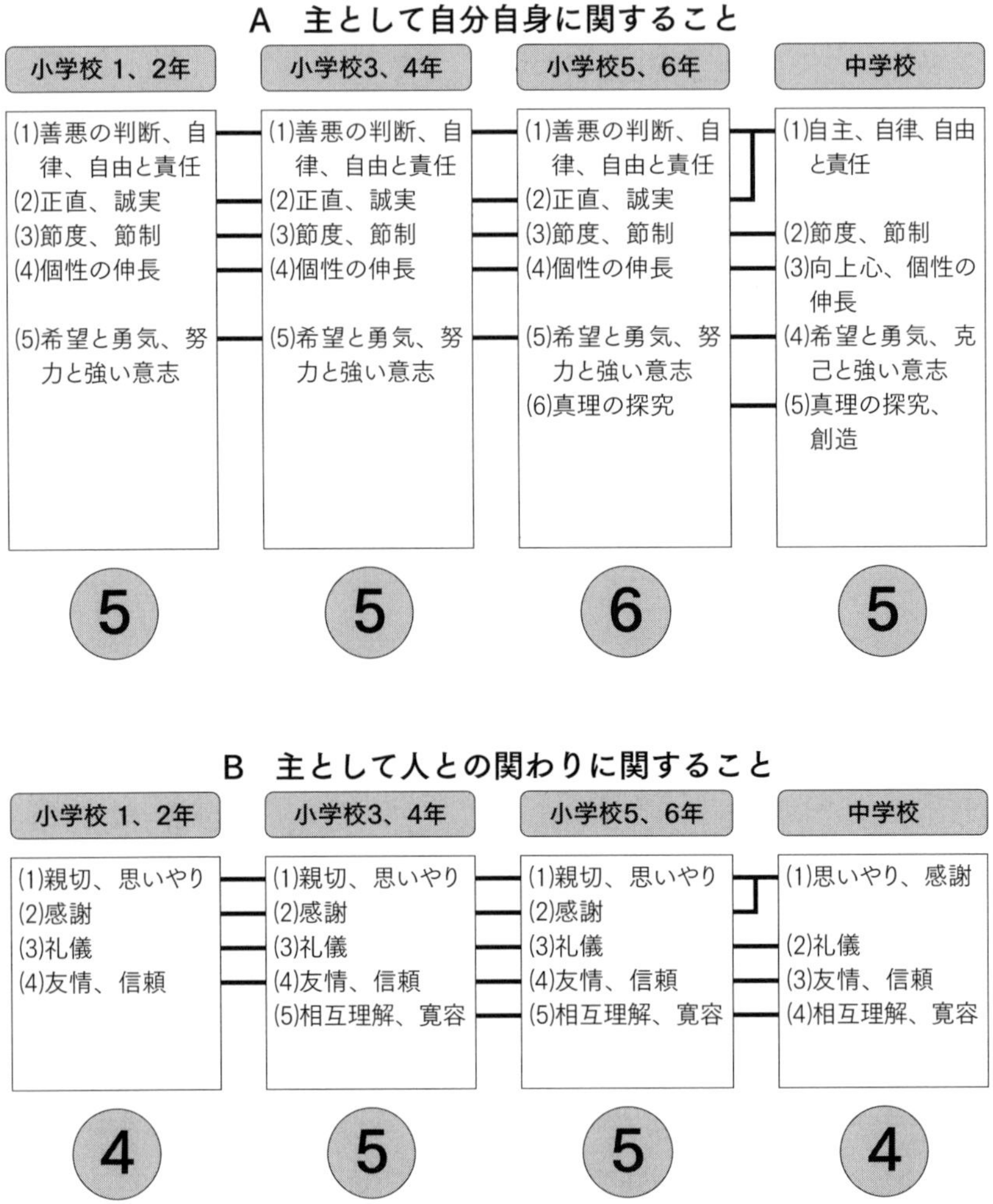

図3　内容項目の系統図（C・D）

C　主として集団や社会との関わりに関すること

小学校 1、2年	小学校3、4年	小学校5、6年	中学校
(1)規則の尊重	(1)規則の尊重	(1)規則の尊重	(1)遵法精神、公徳心
(2)公正、公平、社会正義	(2)公正、公平、社会正義	(2)公正、公平、社会正義	(2)公正、公平、社会正義
(3)勤労、公共の精神	(3)勤労、公共の精神	(3)勤労、公共の精神	(3)社会参画、公共の精神 (4)勤労
(4)家族愛、家庭生活の充実	(4)家族愛、家庭生活の充実	(4)家族愛、家庭生活の充実	(5)家族愛、家庭生活の充実
(5)よりよい学校生活、集団生活の充実	(5)よりよい学校生活、集団生活の充実	(5)よりよい学校生活、集団生活の充実	(6)よりよい学校生活、集団生活の充実
(6)伝統と文化の尊重、国や郷土を愛する態度	(6)伝統と文化の尊重、国や郷土を愛する態度	(6)伝統と文化の尊重、国や郷土を愛する態度	(7)郷土の伝統と文化の尊重、郷土を愛する態度 (8)我が国の伝統と文化の尊重、国を愛する態度
(7)国際理解、国際親善	(7)国際理解、国際親善	(7)国際理解、国際親善	(9)国際理解、国際貢献
7	7	7	9

D　主として生命や自然、崇高なものとの関わりに関すること

小学校 1、2年	小学校3、4年	小学校5、6年	中学校
(1)生命の尊さ	(1)生命の尊さ	(1)生命の尊さ	(1)生命の尊さ
(2)自然愛護	(2)自然愛護	(2)自然愛護	(2)自然愛護
(3)感動、畏敬の念	(3)感動、畏敬の念	(3)感動、畏敬の念	(3)感動、畏敬の念
		(4)よりよく生きる喜び	(4)よりよく生きる喜び
3	3	4	4

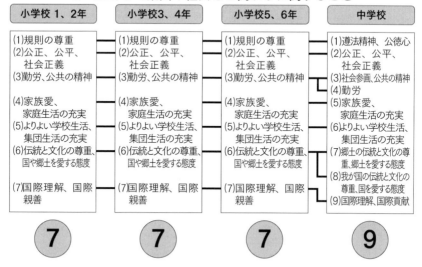

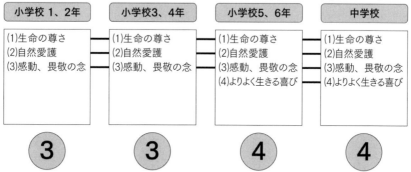

第 **5** 章

学校の教育活動全体で行う道徳教育の考え方

道徳教育は、各教科等、学校教育全体を通して行われます。その充実を図るためには、教育課程の構成を理解することが求められます。本章では、各教科等で行う道徳教育の視点と基本的な考え方、その実際を解説します。

1 中学校、高等学校の教育課程

(1) 中学校の教育課程

中学校の教育活動は、学校教育法施行規則の規定によって行われます。同規則第72条に以下のように示されています。

第七十二条
中学校の教育課程は、国語、社会、数学、理科、音楽、美術、保健体育、技術・家庭及び外国語の各教科（以下本章及び第七章中「各教科」という。）、特別の教科である道徳、総合的な学習の時間並びに特別活動によつて編成するものとする。

中学校の教育課程は、図4のようになります。学校教育法施行規則第七十二条に記されているように、各教科、特別の教科である道徳、総合的な学習の時間、特別活動の4領域で構成されています。それぞれの領域には、それぞれの構成単位としての教科があります。

特別活動は、同規則第七十四条で規定する教育課程の基準としての学習指導要領により、学級活動、生徒会活動、学校行事において具体的な活動を行うこととしています。

そして、道徳教育は、学習指導要領の総則において、学校における道徳教育は、特別の教科である道徳を要として学校の教育活動全体を通じて行うものとする旨が記されています。

また、学習指導要領の全ての教科の「第3 指導計画の作成と内容の取扱い」において、以下のように道徳教育を行うことが配慮事項として示されています。

（国語科）

第1章総則の第1の2の(2)に示す道徳教育の目標に基づき、道徳科などとの関連を考慮しながら、第3章特別の教科道徳の第2に示す内容について、国語科の特質に応じて適切な指導をすること。

図4　中学校の教育課程

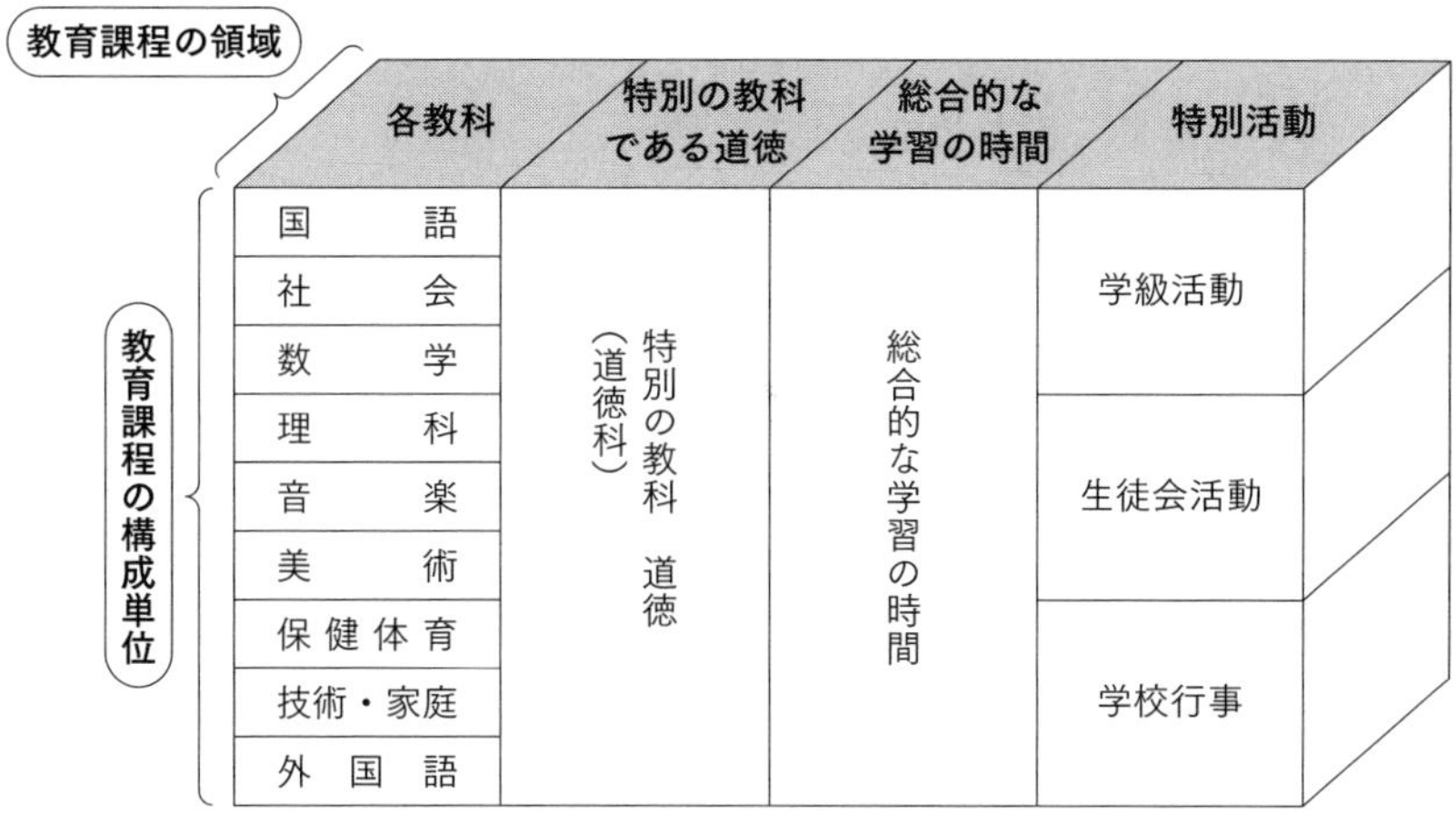

(2) 高等学校の教育課程

高等学校の教育活動も、学校教育法施行規則の規定によって行われます。同規則第八十三条に以下のように記されています。

第八十三条
　高等学校の教育課程は、別表第三に定める各教科に属する科目、総合的な探究の時間及び特別活動によって編成するものとする。

別表第三に定める各教科に属する科目について、各学科に共通する各教科は表1の通りです。

図5　高等学校の教育課程

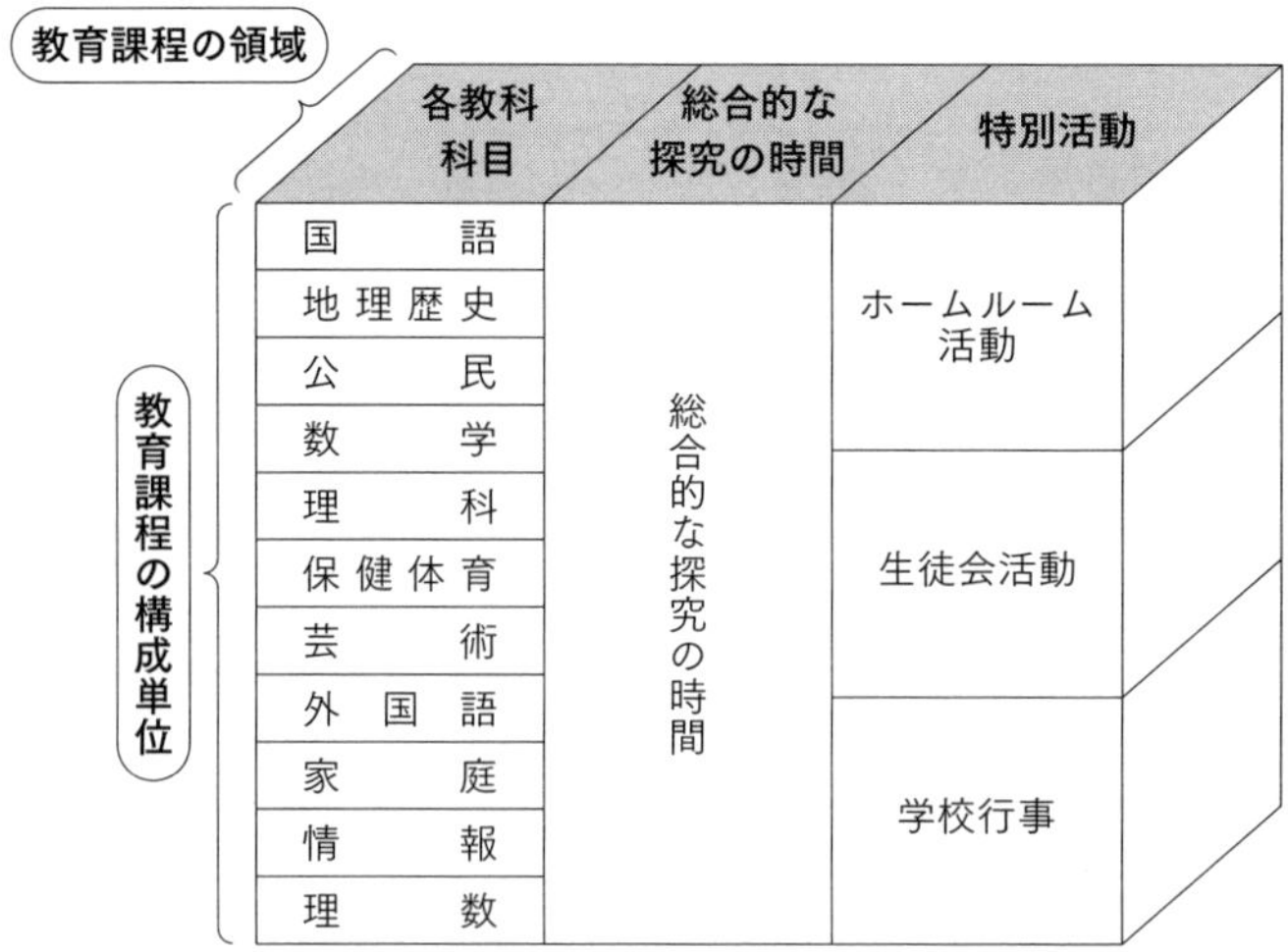

表1　各学科に共通する各教科

各教科	各教科に属する科目
国　語	現代の国語、言語文化、論理国語、文学国語、国語表現、古典探究
地理歴史	地理総合、地理探究、歴史総合、日本史探究、世界史探究
公　民	公共、倫理、政治・経済
数　学	数学Ⅰ、数学Ⅱ、数学Ⅲ、数学Ａ、数学Ｂ、数学Ｃ
理　科	科学と人間生活、物理基礎、物理、化学基礎、化学、生物基礎、生物、地学基礎、地学
保健体育	体育、保健
芸　術	音楽Ⅰ、音楽Ⅱ、音楽Ⅲ、美術Ⅰ、美術Ⅱ、美術Ⅲ、工芸Ⅰ、工芸Ⅱ、工芸Ⅲ、書道Ⅰ、書道Ⅱ、書道Ⅲ
外国語	英語コミュニケーションⅠ、英語コミュニケーションⅡ、英語コミュニケーションⅢ、論理・表現Ⅰ、論理・表現Ⅱ、論理・表現Ⅲ
家　庭	家庭基礎、家庭総合
情　報	情報Ⅰ、情報Ⅱ
理　数	理数探究基礎、理数探究

2 各教科等における道徳教育の視点

各教科等で行う道徳教育の視点は、それぞれの特質を基にして、『中学校学習指導要領（平成29年告示）解説　総則編』（以下「総則解説」という。）に示されていますが、内容項目との関連を考慮すると以下のようになります。なお、特別活動については、活動ごとに分けて記しました。

(1) 中学校の各教科等における道徳教育の視点

ア 国語科

国語科は、我が国の言語及び言語文化を学習する教科です。生徒はこれらの学習を通して伝え合う力、思考力や想像力を養い、言語感覚を豊かにしていきます。言語は、思想、感情、意志等を伝達するための重要なツールであり、人間関係を構築する上で重要な役割を果たします。国語科の特質を生かした道徳教育としては、「B　主として人との関わりに関すること」の「礼儀」「礼儀の意義を理解し、時と場に応じた適切な言動をとること」が考えられます。礼儀を形とした礼儀作法には、挨拶や言葉遣いといった言語を介するコミュニケーションがあります。また、国語科では、人生について考えを深め、豊かな人間性を養い、たくましく生きる意志を育てる上で有効な教材などを活用します。これらの教材を介しても、生徒に人間としてよりよく生きようとする意欲や態度を育てることができます。また、短歌や俳句、古典などの学習を通して、我が国の伝統と文化に対する関心や理解を深め、それらを尊重する態度を育てることは、［郷土の伝統と文化の尊重、郷土を愛する態度］［我が国の伝統と文化の尊重、国を愛する態度］を視点とした道徳教育と言えます。

イ　社会科

中学校の社会科は3つの分野がありますが、いずれの分野の目標や内容も道徳教育と深い関わりがあります。地理的分野は、我が国の国土や世界の諸地域に関する理解を図り、そこで見られる課題を主体的に追究、解決しようとする態度を養うことなどを目標に指導します。これらのことは、道徳科の「C　主として集団や社会との関わりに関すること」に密接に関連しています。具体的には、［郷土の伝統と文化の尊重、郷土を愛する態度］［我が国の伝統と文化の尊重、国を愛する態度］［国際理解、国際貢献］などが挙げられます。また、歴史的分野においても、我が国の歴史の大きな流れを、世界の歴史を背景に各時代の特色を踏まえて理解したり、国家及び社会並びに文化の発展や人々の生活の向上に尽くした歴史上の人物と現在に伝わる文化遺産を尊重しようとすることの大切さについての自覚などを深めたりすることを目標に学習を展開します。これらの学習に関して、［郷土の伝統と文化の尊重、郷土を愛する態度］［我が国の伝統と文化の尊重、国を愛する態度］といった内容項目に関わる道徳教育を行うことが考えられます。さらに、公民的分野では、個人の尊厳と人権の尊重の意義、自由・権利と責任・義務との関係を広い視野から正しく認識し、民主主義や民主政治の意義、国民の生活の向上と経済活動との関わり、現代の社会生活及び国際関係など、個人と社会との関わりを中心に理解を深める指導を行います。これらの指導は、［遵法精神、公徳心］［公正、公平、社会正義］［社会参画、公共の精神］などの内容項目が関わっています。

ウ　数学科

数学科は、生活に必要な数量的な関係を正しく理解し、処理する基礎的な能力を養う教科です。事象を数学化したり、数学的に解釈したり、数学的に表現・処理したりする学習においては、真実を大切にし、真理を探究して新しいものを生み出そうと努めることを内容とする［真理の探究、創造］が関連します。また、数学のよさを実感して粘り強く考え、数学を生活や学習に生かそうとする態度を養うことは、困難や失敗を乗り越えて挑戦し続けることが日々の生活の充実につながることを考える内容項目である［希望と勇気、克己と強い意志］と関連することが考えられます。

エ　理科

生活に関わる自然現象について、観察・実験を通じて、科学的に理解し、処理する基礎的な能力を養う教科である理科は、「D　主として生命や自然、崇高なものとの関わりに関すること」の内容項目と関連しています。具体的には、「自然の崇高さを知り、自然環境を大切にすることの意義を理解し、進んで自然の愛護に努めること」を内容とする［自然愛護］、「生命の尊さについて、その連続性や有限性なども含めて理解し、かけがえのない生命を尊重すること」を内容とする［生命の尊さ］が挙げられます。また、自然の事物・現象を科学的に探究するために必要な資質・能力を養うためには、「真実を大切にし、真理を探究して新しいものを生み出そうと努めること」が重要であり、［真理の探究、創造］と密接に関わっていると言えます。

オ　音楽科

生活や社会の中の音や音楽、音楽文化と豊かに関わる資質・能力を養う音楽科も、多様な道徳科の内容項目と関わっています。音楽のよさや美しさを味わって聴くことは、美しいものや気高いものに感動する心をもつ［感動、畏敬の念］と密接に関連します。また、創意工夫を生かした表現で旋律や音楽をつくる学習は、新しいものを生み出そうと努める［真理の探究、創造］に関わります。また、音楽活動の楽しさを体験することを通して、音楽を愛好する心情や音楽に対する感性は、美しいものや崇高なものを尊重することにつながるものです。さらに、我が国の伝統的な歌唱や和楽器の学習は、［我が国の伝統と文化の尊重、国を愛する態度］と関わっています。共通教材として取り上げられている『赤とんぼ』『荒城の月』『早春賦』などの歌詞からは、その美しさに触れたり、親しんだりすることにより自らの人生を豊かにしてくれた自然との関わりのよさを考えることができます。

カ　美術科

生活や社会の中の美術や美術文化と豊かに関わる資質・能力を養う美術科は、生徒の道徳性を養う道徳教育を推進する上で大切な教科と言えます。美術科の目標にある「美術の創造活動の喜びを味わい、美術を愛好する心情を育み、感性を豊かにし、心豊かな生活を創造していく態度を養い、豊かな情操を培う」ことは、生徒が独自の考えに基づいて物事を創り出そうとする［真理の探究、創造］と関わります。また、美術を愛好する心情や豊かな情操を培うことは、美しいものや気高いものに感動する心をもつことを内容とする［感動、畏敬の念］とも密接に関わっています。さらに、日本の美術作品や受け継がれてきた表現の特質などから、伝統や文化のよさや美しさを感じ取る学習は、［我が国の伝統と文化の尊重、国を愛する態度］を養うことにもつながります。

キ　保健体育科

保健体育科は、健康、安全で幸福な生活のために必要な習慣を養うとともに、運動を通じて体力を養い、心身の調和的発達を図る上で重要な教科です。体育分野における運動についての自己の課題を発見し、合理的な解決に向けて思考し、活動する学習は、より高い目標を設定し、その達成を目指して、希望と勇気をもち、困難や失敗を乗り越えて着実にやり遂げることを内容とする［希望と勇気、克己と強い意志］や、自己の向上を図るとともに、個性を伸ばして充実した生き方を追求する［向上心、個性の伸長］と関わります。また、運動における競争や協働の経験を通して、公正に取り組むことは、正しいと信じることを自ら積極的に実践できるように努めることを含む［公正、公平、社会正義］と関連します。

生涯を通じて心身の健康の保持増進を目指し、明るく豊かな生活を営む態度を養う保健分野は、正に望ましい生活習慣を身に付け、心身の健康の増進を図り、節度を守り節制に心掛け、安全で調和のある生活をすることを内容とする［節度、節制］と密接に関わっています。

ク　技術・家庭科

技術・家庭科は、家族と家庭の役割、生活に必要な衣、食、住、情報、産業等について基礎的な理解と技能を養うための教科です。技術・家庭科では、よりよい生活の実現や持続可能な社会の構築に向けて、生活を工夫し創造しようとする実践的な態度を養うことを目指しています。技術分野、家庭分野ともに、道徳教育と密接に関わっています。

技術分野では、技術によってよりよい生活や持続可能な社会を構築する資質・能力を育成することを目指しており、「真実を大切にし、真理を探究して新しいものを生み出そうと努めること」を内容とする［真理の探究、創造］が、生活や社会における問題を、材料と加工の技術によって解決する活動を行うためには、困難や失敗を乗り越えて着実にやり遂げることを内容として含めている［希望と勇気、克己と強い意志］が関連しています。

家庭分野は、自分と家族、家庭生活と地域との関わりを基に指導するものがあり、その内容の多くが「父母、祖父母を敬愛し、家族の一員としての自覚をもって充実した家庭生活を築くこと」を内容とする［家族愛、家庭生活の充実］と関わっています。また、家族・家庭や地域との関わりを考える学習は、郷土や地域を愛し、積極的・主体的に関わり、郷土のために自分ができることは何かを考えることを含む［郷土の伝統と文化の尊重、郷土を愛する態度］との関連が考えられます。

ケ　外国語科

外国語科は、進んで外国の文化の理解を通じて、他国を尊重し、国際社会の平和と発展に寄与する態度を養うことを目的としている教科です。ここで言う外国語の学習は、単なる外国の人々とのコミュニケーションツールとしての語学だけではありません。外国語によるコミュニケーションを図るためには、「それぞれの個性や立場を尊重し、いろいろなものの見方や考え方があることを理解し、寛容の心をもって謙虚に他に学び、自らを高めていくこと」、つまり、道徳科の内容の［相互理解、寛容］と深く関わっています。また、外国語科は、外国語の背景にある文化に対する理解を深めることも目標に含んでいることから、「世界の中の日本人としての自覚をもち、他国を尊重し、国際的視野に立って、世界の平和と人類の発展に寄与すること」を内容としている［国際理解、国際貢献］と密接に関連していると言えるでしょう。

コ　総合的な学習の時間

総合的な学習の時間は、目標を「探究的な見方・考え方を働かせ横断的・総合的な学習を行うことを通して、よりよく課題を解決し、自己の生き方を考えていくための資質・能力を次のとおり育成する」とし、育成を目指す資質・能力の3つの柱を示しています。このことから、総合的な学習の時間は、生涯にわたって学習する基盤を培う指導と言ってもよいでしょう。生涯にわたって学習することが必要な理由は、私たちは常によりよく生きたいという願いをもっていて、その実現を目指すための術を身に付けることが求められているからです。学び方を学ぶことと関わる道徳科の内容としては、「より高い目標を設定し、その達成を目指し、希望と勇気をもち、困難や失敗を乗り越えて着実にやり遂げること」を内容とする［希望と勇気、克己と強い意志］や「自己を見つめ、自己の向上を図るとともに、個性を伸ばして充実した生き方を追求すること」を内容とする［向上心、個性の伸長］などが関わります。

総合的な学習の時間の内容は、各学校で定めるとされていますが、総合的な学習の時間の目標を実現するための内容が学習指導要領に例示されています。それらの内容と道徳科の内容との関わりを勘案すると、例えば、国際理解は［国際理解、国際貢献］に、情報は［相互理解、寛容］に、環境は［自然愛護］に、福祉・健康は［思いやり、感謝］や［節度、節制］などと密接に関わっています。生徒自身が自分の問題に向かって学習を進めていくことが基本となる総合的な学習の時間においては、学習方法、学習内容などを視点とした道徳教育を行ってほしいところです。

サ　特別活動

特別活動における学級や学校生活における集団活動や体験的な活動は、日常生活における道徳的な実践の指導を行う重要な機会と場であり、特別活動が道徳教育に果たす役割は大きいものです。特別活動の目標には、「集団活動に自主的、実践的に取り組み」「互いのよさや可能性を発揮」「集団や自己の生活上の課題を解決」など、道徳教育でもねらいとする内容が含まれています。また、目指す資質・能力にも、「多様な他者との協働」「人間関係」「人間としての生き方」「自己実現」など、道徳教育がねらいとする内容と共通している面が多く含まれており、道徳教育において果たすべき役割は極めて大きいのです。

具体的には、例えば、自他の個性や立場を尊重しようとする態度、義務を果たそうとする態度、よりよい人間関係を深めようとする態度、社会に貢献しようとする態度、自分たちで約束をつくって守ろうとする態度、より高い目標を設定し諸問題を解決しようとする態度、自己のよさや可能性を大切にして集団活動を行おうとする態度などは、集団活動を通して身に付けたい道徳性となります。

■学級活動(1)

学級活動の内容(1)の「学級や学校における生活づくりへの参画」は、学級や学校の生活上の諸課題を見いだし、これを自主的に取り上げ、協力して課題解決していく自発的、自治的な活動です。このような生徒による自発的、自治的な活動によって、よりよい人間関係の形成や生活づくりに参画する態度などに関わる道徳性を身に付けることができます。

■学級活動(2)

学級活動の内容(2)の「日常の生活や学習への適応と自己の成長及び健康安全」では、自他の個性の理解と尊重、よりよい人間関係の形成、男女相互の理解と協力、思春期の不安や悩みの解決、性的な発達への対応、心身ともに健康で安全な生活態度や習慣の形成、食育の観点を踏まえた学校給食と望ましい食習慣の形成を示しています。

■学級活動(3)

学級活動の内容(3)の「一人一人のキャリア形成と自己実現」では、社会生活、職業生活との接続を踏まえた主体的な学習態度の形成と学校図書館等の活用、社会参画意識の醸成や勤労観・職業観の形成を示しています。これらのことについて、自らの生活を振り返り、自己の目標を定め、粘り強く取り組み、よりよい生活態度を身に付けようとすることは、道徳性の育成に密接に関わっています。

■生徒会活動

生徒会活動においては、全校の生徒が学校におけるよりよい生活を築くために、問題を見いだし、これを自主的に取り上げ、協力して課題解決していく自発的、自治的な活動を通して、異年齢によるよりよい人間関係の形成やよりよい学校生活づくりに参画する態度などに関わる道徳性を身に付けることができます。

■学校行事

学校行事においては、特に、職場体験活動やボランティア精神を養う活動などの社会体験や自然体験、幼児児童、高齢者や障害のある人々などとの触れ合いや文化や芸術に親しむ体験を通して、よりよい人間関係の形成、自律的態度、心身の健康、協力、責任、公徳心、勤労、社会奉仕などに関わる道徳性の育成を図ることができます。

(2) 高等学校の各教科等における道徳教育の視点

また、高等学校においても、各教科における道徳教育を行う際には、表2のような配慮をすることが『高等学校学習指導要領（平成30年告示）解説　総則編』で求められています。なお、総合的な探究の時間と特別活動については、「各教科・科目等における人間としての在り方生き方に関する教育」を参照してまとめたものです。

表2　高等学校の各教科等における道徳教育の視点（国語科～芸術科）

各教科	道徳教育の視点
国語科	国語で的確に理解したり効果的に表現したりする資質・能力を育成する上で、生涯にわたる社会生活における他者との関わりの中で伝え合う力を高めることは、学校の教育活動全体で道徳教育を進めていくための基盤となるものである。また、思考力や想像力を伸ばすこと及び言語感覚を磨くことは、道徳的心情や道徳的判断力を養う基本になる。更に、我が国の言語文化の担い手としての自覚をもち、生涯にわたり国語を尊重してその能力の向上を図る態度を養うことは、伝統と文化を尊重し、それらを育んできた我が国と郷土を愛することなどにつながるものである。教材選定の観点として、道徳性の育成に資する項目を国語科の特質に応じて示している。
地理歴史科	現代世界の地域的特色と日本及び世界の歴史の展開に関して、多面的・多角的に考察し理解を深めることは、それらを通して涵養される日本国民としての自覚、我が国の国土や歴史に対する愛情、他国や他国の文化を尊重することの大切さについての自覚などを深めることなどにつながるものである。
数学科	数学科の目標にある「数学を活用して事象を論理的に考察する力」「事象の本質や他の事象との関係を認識し統合的・発展的に考察する力」「数学的な表現を用いて事象を簡潔・明瞭・的確に表現する力」を高めることは、道徳的判断力の育成にも資するものである。また、「数学のよさを認識し積極的に数学を活用しようとする態度」「粘り強く考え数学的論拠に基づいて判断しようとする態度」を養うことは、工夫して生活や学習をしようとする態度を養うことにも資するものである。
理科	自然の事物・現象を探究する活動を通して、地球の環境や生態系のバランスなどについて考えさせ、自然と人間との関わりについて認識させることは、生命を尊重し、自然科学の保全に寄与する態度の育成につながるものである。また、見通しをもって観察、実験を行うことや、科学的に探究しようとする態度を養うことは、道徳的判断力や真理を大切にしようとする態度の育成にも資するものである
保健体育科	科目「体育」における様々な運動の経験を通して、粘り強くやり遂げる、ルールを守る、集団に参加し協力する、自己の責任を果たす、一人一人の違いを大切にするといった態度が養われる。また、健康・安全についての理解は、健康の大切さを知り、生涯を通じて自らの健康を適切に管理し、改善することにつながるものである。
芸術科	芸術を愛好する心情を育むとともに、感性を高めることは、美しいものや崇高なものを尊重することにつながるものである。また、心豊かな生活や社会を創造していく態度を養い、豊かな情操を培うことは、学校の教育活動全体で道徳教育を進めていく上で、基盤となるものである。

表2　高等学校の各教科等における道徳教育の視点（外国語科～総合的な探究の時間）

各教科	道徳教育の視点
外国語科	外国語科においては、第1款の目標(3)として「外国語の背景にある文化に対する理解を深め、聞き手、読み手、話し手、書き手に配慮しながら、主体的、自律的に外国語を用いてコミュニケーションを図ろうとする態度を養う」と示している。「外国語の背景にある文化に対する理解を深め」ることは、世界の中の日本人としての自覚をもち、国際的視野に立って、世界の平和と人類の幸福に貢献することにつながるものである。 また、「聞き手、読み手、話し手、書き手に配慮」することは、外国語の学習を通して、他者を配慮し受け入れる寛容の精神や平和・国際貢献などの精神を獲得し、多面的思考ができるような人材を育てることにつながる。
家庭科	家族・家庭、衣食住、消費や環境などについて、生活を主体的に営むために必要な理解を図るとともに、それらに係る技能を身に付けることは、よりよい生活習慣を身に付けることにつながるとともに、勤労の尊さや意義を理解することにもつながるものである。また、家族・家庭の意義や社会との関わりについて理解することや、自分や家庭、地域の生活を主体的に創造しようとする実践的な態度を育てることは、家族への敬愛の念を深めるとともに、家庭や地域社会の一員としての自覚をもって自分の生き方を考え、生活をよりよくしようとすることにつながるものである。
情報科	情報に関する科学的な見方・考え方を働かせ、情報と情報技術を適切に活用するとともに、情報社会に主体的に参画する態度を養うことは、情報社会で適正な活動を行うための基になる考え方と態度を身に付けさせることにつながるものである。
理数科	多角的、複合的に事象を捉え、数学や理科などに関する課題を設定して探究し、課題を解決する力を養うとともに創造的な力を高めることは、道徳的判断力の育成にも資するものである。また、「様々な事象や課題に向き合い、粘り強く考え行動し、課題の解決や新たな価値の創造に向けて積極的に挑戦しようとする態度」「探究の過程を振り返って評価・改善しようとする態度」「倫理的な態度」を養うことは、工夫して生活や学習をしようとする態度を養うことにも資するものである。
総合的な探究の時間	総合的な探究の時間の内容は、各学校で定めるものであるが、探究課題例として、国際理解、情報、環境、福祉・健康などの現代的な諸課題に対応する横断的・総合的な課題、地域や学校の特色に応じた課題、生徒の興味・関心に基づく課題、職業や自己の進路に関する課題などを設定することになる。生徒が、横断的・総合的な学習を探究の見方・考え方を働かせて行うことを通して、これらの学習が自己の生き方在り方を考えながらよりよく課題を発見し解決していくことにつながる。また、探究課題の解決を通して、主体的に判断して学習活動を進めたり、粘り強く考え解決しようとしたり、自己の目標を実現しようとしたり、他者と協調して生活しようとしたりする資質・能力の育成は道徳教育につながる。

表2　高等学校の各教科等における道徳教育の視点（特別活動）

各教科	道徳教育の視点
特別活動	ホームルーム活動や学校の生活における集団活動や体験的な活動は、日常生活における道徳的実践の指導を行う重要な機会と場であり、特別活動が道徳教育に果たす役割は大きい。特別活動の目標には、「集団活動に自主的、実践的に取り組み」「互いのよさや可能性を発揮」「集団や自己の生活上の課題を解決」など、道徳教育でもねらいとする内容が含まれている。また、目指す資質・能力には、「多様な他者との協働」「人間関係」「人間としての生き方」「自己実現」など、道徳教育でもねらいとする内容と共通している面が多く含まれており、道徳教育において果たすべき役割は極めて大きい。具体的には、例えば、自他の個性や立場を尊重しようとする態度、義務を果たそうとする態度、よりよい人間関係を深めようとする態度、社会に貢献しようとする態度、自分たちで約束をつくって守ろうとする態度、より高い目標を設定し諸問題を解決しようとする態度、自己のよさや可能性を大切にして集団活動を行おうとする態度などは、集団活動を通して身に付けることができる道徳性である。
ホームルーム活動	「(1)ホームルームや学校における生活づくりへの参画」は、ホームルームや学校の生活上の諸課題を見いだし、これを自主的に取り上げ、協力して課題解決していく自発的、自治的な活動である。このような生徒による自発的、自治的な活動によって、よりよい人間関係の形成や生活づくりに参画する態度などに関わる道徳性を養うことができる。 また、「(2)日常の生活や学習への適応と自己の成長及び健康安全」では、自他の個性の理解と尊重、よりよい人間関係の形成、男女相互の理解と協力、国際理解と国際交流の推進、青年期の悩みや課題とその解決、生命の尊重と心身ともに健康で安全な生活態度や規律ある習慣の確立を示している。 更に「(3)一人一人のキャリア形成と自己実現」では、学校生活と社会的・職業的自立の意義の理解、主体的な学習態度の確立と学校図書館等の活用、社会参画意識の醸成や勤労観、職業観の形成、主体的な進路の選択決定と将来設計を示している。これらのことについて、自らの生活を振り返り、自己の目標を定め、粘り強く取り組み、よりよい生活態度を身に付けようとすることは、道徳性の育成に密接な関わりをもっている。
生徒会活動	全校の生徒が学校におけるよりよい生活を築くために、問題を見いだし、これを自主的に取り上げ、協力して課題解決していく自発的、自治的な活動を通して、異年齢によるよりよい人間関係の形成やよりよい学校生活づくりに参画する態度などに関わる道徳性を身に付けることができる。
学校行事	特に、就業体験活動やボランティア精神を養う活動などの社会体験や自然体験、幼児児童生徒、高齢者や障害のある人々などとの触れ合いや文化や芸術に親しむ体験を通して、よりよい人間関係の形成、自立的態度、心身の健康、協力、責任、公徳心、勤労、社会奉仕などに関わる道徳性の育成を図ることができる。

3 各教科等における道徳教育の基本的な考え方

各教科等で行う道徳教育については、概ね次の3つの考え方を挙げることができます。

(1) 道徳教育と各教科等の目標、内容及び教材との関わり

各教科等の目標や内容には、生徒の道徳性の養成に関係の深い事柄が直接、間接に含まれています。各教科等における道徳教育の視点は前述の通りですが、各教科等において道徳教育を適切に行うためには、学習指導要領に示されているそれぞれの教科の目標や内容、さらには学習に活用する教材に含まれる道徳的価値を概観することが求められます。その上で、授業構想の際にそれらの道徳的価値を意識しながら指導するようにします。教師自身の専門教科において、どのような道徳教育ができるのか、具体的な指導を考えてみたいところです。

(2) 学習活動や学習態度への配慮

各教科等の授業においては、それぞれの学習場面で活動への取組の姿勢が育まれ、学習態度や学習習慣として身に付いていきます。生徒が伸び伸びとかつ真剣に学習に打ち込めるよう留意し、学級の雰囲気や人間関係に思いやりがあり、自主的かつ協力的なものになるよう配慮す

ることが大切です。

どの教科においても、対話的な学びとして求められる話合いの中で自分の考えをしっかりと発表し、友達の意見を傾聴すること、各自で、あるいは協同して学習課題に最後まで取り組むことなどの学習態度の習慣化が必要になります。このことは、各教科等の学習効果を高めるとともに、望ましい道徳性を養うことにもなるのです。

(3) 教師の態度や行動による感化

教師の言葉や生徒への接し方などは、生徒の道徳性を養うためのよりよい学級の雰囲気や環境をつくるとともに、生徒の人格の形成に直接、間接に影響をもつものです。例えば、教師の授業に臨む姿勢や熱意は、授業中の様々な態度や行動となって現れると言われます。このことは、生徒の態度や行動にも反映し、学級の雰囲気に影響を与えます。また、真理を学ぶことへの姿勢は、教師の姿から学ばれることが多いと言われます。教師の探究心や真理に対する謙虚さが、生徒の実践意欲を触発するからです。

教師は、各教科等の内容の指導に力を入れると同時に、道徳教育の目標や内容に内包されている精神を、自らが授業の中で実践するよう心掛ける必要があります。

4 各教科等における道徳教育の実際

次ページの学習指導略案（表3）は、保健体育科における道徳教育の例です。本時の目標は、保健体育科の目標です。そして、本時で行う道徳教育の視点を括弧書きで示していいます。「指導の流れ」にある★印が、実際の道徳教育になります。

各教科等で道徳教育を行う上で配慮すべきことは、道徳教育によって各教科等の特質を損わないようにすることです。

表3　各教科等における道徳教育の指導例

教科名	※教科名、校種と学年を記述する。 例）　保健体育科　（中学校第２学年）
単元・題材名	※単元名や題材名を記述する。 例）　スポーツと文化
本時の目標 （★道徳教育の視点）	※本時の目標と（道徳教育の視点を記述する） オリンピックやパラリンピック及び国際的なスポーツ大会などは、国際親善や世界平和に大きな役割を果たしていることを理解する。 （★大会に関わる人々の思いやりや選手の感謝の心のよさを感じられるようにする。）
指導の流れ	※１時間の簡単な流れを記述する。 １　前時までの学習を振り返り、本時のめあてを確認する ［オリンピックやパラリンピックのボランティアの人々の思いを考えよう］ ２　日本におけるオリンピックを振り返る 日本の「オリンピック運動の父」嘉納治五郎 1909年、アジア初となるIOC委員に就任。日本のオリンピック参加へ向け、大日本体育協会（現在の日本体育協会）を設立。1911年には国内選考会を開催、陸上短距離の三島弥彦、マラソンの金栗四三を代表選手に選出。翌1912年、スウェーデンのストックホルムで開催された第５回オリンピック競技大会で、日本は初のオリンピック参加を果たす。 ３　オリンピック、パラリンピックを支える仕組みを考える（グループ） ・　組織委員会、自治体、大会ボランティア ４　グループでそれぞれのまとめを発表し合う ★　関係者やボランティアの人々の思いやりのよさに触れる。 ５　学習のまとめをする。

第6章

道徳教育の全体計画

学校教育において横断的な教育指導を行う場合は、全体計画が必要になります。教育活動全体で行う道徳教育では、学習指導要領で「全体計画を作成するものとする」としています。本章では、道徳教育の全体計画の意義や作成に関する基本的な考え方を解説します。

1 道徳教育の全体計画

全体計画とは、特定の教科だけでなく、複数の教科を横断的に行う教育活動において作成する指導計画です。教育課程において必須の全体計画は、道徳教育及び体育・健康教育です。また、教育課題としては、『中学校学習指導要領（平成29年告示）解説　総則編』の巻末に示されている伝統や文化に関する教育、主権者に関する教育、消費者に関する教育、法に関する教育などが挙げられます。

学校における道徳教育は、学校が設定した道徳教育の基本方針を具体的に展開することが求められます。その基本方針を具体的に展開する上で、学校として特に工夫することは何か、何に留意すべきなのか、各教育活動がどのような役割を分担するのか、家庭や地域社会との連携をどう図っていくのかなどが明らかになっていないと、効果的な道徳教育を行うことはできません。これらのことを総合的に示すものが、道徳教育の全体計画です。

学習指導要領の総則には、全体計画の作成について、以下のような記述があります。

（中学校）　第6　道徳教育に関する配慮事項

1　各学校においては、第1の2の(2)に示す道徳教育の目標を踏まえ、道徳教育の全体計画を作成し、校長の方針の下に、道徳教育の推進を主に担当する教師（以下「道徳教育推進教師」という。）を中心に、全教師が協力して道徳教育を展開すること。なお、道徳教育の全体計画の作成に当たっては、生徒や学校、地域の実態を考慮して、学校の道徳教育の重点目標を設定するとともに、道徳科の指導方針、第３章特別の教科道徳の第２に示す内容との関連を踏まえた各教科、総合的な学習の時間及び特別活動における指導の内容及び時期並びに家庭や地域社会との連携の方法を示すこと。

（高等学校）　第７款　道徳教育に関する配慮事項

道徳教育を進めるに当たっては、道徳教育の特質を踏まえ、第６款までに示す事項に加え、次の事項に配慮するものとする。

１　各学校においては、第１款の２の(2)に示す道徳教育の目標を踏まえ、道徳教育の全体計画を作成し、校長の方針の下に、道徳教育の推進を主に担当する教師（「道徳教育推進教師」という。）を中心に、全教師が協力して道徳教育を展開すること。なお、道徳教育の全体計画の作成に当たっては、生徒や学校の実態に応じ、指導の方針や重点を明らかにして、各教科・科目等との関係を明らかにすること。その際、公民科の「公共」及び「倫理」並びに特別活動が、人間としての在り方生き方に関する中核的な指導の場面であることに配慮すること。

2 全体計画の意義

全体計画を作成して、これに基づいた道徳教育を行うことには、次のような意義があります。

(1) 各学校の特色や実態及び課題に即した道徳教育が展開できる

各学校で行われている教育活動は、生徒の豊かな人間性の育成に関わることであり、教育の目的である人格形成につながっています。このことが意識化できて、各学校の課題を押さえた道徳教育の充実を図ることができるのです。

(2) 道徳教育の要としての道徳科の位置付けや役割が明確になる

全体計画を作成することで、教育活動全体を通して行う道徳教育を、道徳科の授業で補充、深化、統合して道徳性を養う方向性が明確になります。

つまり、道徳科でどのような内容項目を重点的に扱うのか、それぞれの学年の段階でどのような指導を重点化するのかなどが明らかになるということです。また、全体計画は、道徳科の年間指導計画を作成するよりどころにもなるものです。

(3) 全教師による一貫性のある道徳教育が組織的に展開できる

学校における道徳教育をどのように進めていくのかは、学校教育の管理者である校長の方針によりますが、学校の全教師が全体計画の作成に携わることが大切です。全ての教師が全体計画の作成に携わることで、道徳教育の方針やそれぞれの教育活動における道徳教育、また道徳教育を進めるための教師一人一人の役割などについて理解が深まり、組織的で一貫した道徳教育の展開が期待できるようになります。

(4) 家庭や地域社会との連携を深め、保護者や地域の人々の積極的な参加や協力を可能にする

道徳教育の全体計画を、学校通信や学校のホームページなどを活用して公表することで、保護者や地域の人々の理解を得るようにすることが大切です。このことにより、家庭や地域社会と連携し、それぞれの協力を得ながら道徳教育の充実を図ることが期待できるのです。

このように、道徳教育の全体計画やその作成は、学校における教育活動全体を通じて行う道徳教育を効果的に展開するために欠くことができないものなのです。

3 全体計画の内容

(1) 基本的把握事項

全体計画には、どのようなことを盛り込めばよいのでしょうか。校長の方針の下に、全教師が一丸となって組織的に道徳教育を進めるためには、次のような事項を明らかにして示すことが求められます。

①教育関係法規、時代や社会の要請や課題、教育行政の重点施策など

教育基本法において、教育の目的は人格の完成であり、その実現のために、真理を求める態度、豊かな情操や道徳心、創造性、自主及び自律の精神、勤労を重んずる態度、正義と責任、男女の平等、自他の敬愛と協力を重んずる態度などを養うことが目標として示されています。また、中学校及び高等学校の教育の目標は学校教育法に示されています。そこで、全体計画の作成に当たっては、これらの関係法規などを確認することが大切になります。実際の計画に条文を全て記載すると煩雑になるので、法令等の名称を示すようにします。

実際に道徳教育を行うに当たっては、その時代、その時期の社会の要請や課題を考慮する必要があります。現在の学校教育は、学習指導要領の理念である「生きる力の育成」が課題と言

えます。そこで、例えば、生きる力の重要な要素でもある豊かな人間性の育成に関わることを全体計画に記載することも考えられます。さらに、学校を管轄する市区町村や都道府県などには、それぞれ教育に関わる方針や課題があります。これらの教育行政の施策なども、それらのポイントを全体計画に記載することが求められます。

②学校や地域の実態と課題、地域の人々や保護者、教職員の願い

①の法令や時代の要請は、日本全国どこの学校でも同じ要件と言えます。また、行政施策などは、都道府県あるいは市区町村内の学校であれば同様でしょう。

しかし、学校教育は、その学校の実情や学校を取り巻く地域の状況を考慮しなければ実質的な教育活動を展開することは困難です。また、地域の学校として教育活動を行う場合には、地域の人々や保護者の願いも加味する必要があります。

道徳教育を進めるに当たっては、学校や地域の実態と課題、地域の人々、保護者、教職員の願いを明らかにして、その要点を全体計画に記載することが大切になります。

③生徒の実態と課題

道徳教育の対象は、学校に在籍する全ての生徒です。道徳教育に限らず、生徒に教育指導を行う場合は、その生徒の実態に即していなければ、その効果を期待することはできません。

道徳教育の全体計画に示す生徒の実態や課題については、生徒の道徳性に関わる状況はどう

かを把握して、生徒のよさや課題などその傾向を端的に示すようにすることが求められます。

(2) 具体的計画事項

基本的把握事項で示した3つの要件を基にして、具体的に道徳教育を進める上で必要な次の事項を盛り込むようにします。

①学校の教育目標、道徳教育の重点目標、各学年の指導の重点

学校の教育目標は、学校における全ての教育指導を通して目指す生徒の姿を示したものです。学校によっては、こうした目標を教室の前面に掲示してある場合もあります。学校の概要を示したいわゆる学校要覧には、必ず学校の教育目標が示されています。これは、学校の教育活動全体の目標であるため、道徳教育の全体計画にも記載することが大切になります。

道徳教育の重点目標は、学校の教育目標を目指して教育活動を進めるに当たって、特に道徳教育が目指す方向性を示したものです。学校の道徳教育の重点目標は、道徳性を養うことを基に、生徒の実態を踏まえたものにすることが求められます。

各学年の指導の重点は、学校の道徳教育の重点目標を生徒の発達の段階に応じてより具体的に示したものです。この各学年の指導の重点は、道徳科の重点的な指導にも反映されます。

②道徳科の指導の方針

道徳教育の重点目標や各学年の指導の重点に基づいて、道徳科の特質を生かした指導をどのように展開するのか、重点目標と内容項目との関連、具体的な指導の工夫について端的に記述するようにします。なお、自治体によっては高等学校においても、道徳に関わる科目を設定している例も散見されますが、基本的にこの項目は存在しません。

③各教科、総合的な学習の時間（総合的な探究の時間）及び特別活動などにおける道徳教育の指導の方針、内容及び時期

各教科、総合的な学習の時間（総合的な探究の時間）及び特別活動において、どのような道徳教育を行うのかを記述します。各教科等にはそれぞれ目標があり、それぞれの特質を生かした指導をすることが重要ですが、その中で、生徒にどのような道徳性を養うのかを意図的に示します。その際に留意することは、特に学校の重点目標、各学年の指導の重点を基に養うべき道徳性を踏まえて、各教科等の指導でどのような道徳教育を行うのかを明確にすることです。

各教科等で行った道徳教育をより意図的、計画的に行えるようにするためには、各教科等の方針に基づいて進める道徳性の養成に関わる指導の内容や時期を整理して示すことが有効です。この事項については、全体計画の別葉として作成することも考えられます。別葉については、『中学校学習指導要領（平成29年告示）解説　総則編』に、以下のような記述があります。

なお、全体計画を一覧表にして示す場合は、必要な各事項について文章化したり具体化したりしたものを加えるなどの工夫が望まれる。例えば、各教科等における道徳教育に関わる指導の内容及び時期を整理したもの、道徳教育に関わる体験活動や実践活動の時期等が一覧できるもの、道徳教育の推進体制や家庭や地域社会等との連携のための活動等が分かるものを別葉にして加えるなどして、年間を通して具体的に活用しやすいものとすることが考えられる。

（下線は筆者）

このような計画を作成しておくことで、各教科等での道徳教育の充実とあわせて、道徳科において学校の教育活動全体を通じて行う道徳教育を補ったり（補充）、深めたり（深化）、全体的に捉え直しをしたり（統合）することがより明確に行われるようになるというメリットもあります。

④特色ある教育活動や豊かな体験活動における指導の方針、内容及び時期

学校や地域の特色を生かした取組や集団宿泊活動、ボランティア活動、自然体験活動などの体験活動や実践活動において、どのように道徳性を養うのか、その方針や内容及び時期等を整理して示すことも考えられます。

⑤学級、学校の環境の整備や生活全般における指導の方針

学校や教室の環境は、生徒の心の成長に様々な影響を与えます。例えば、整備された学校園に四季折々の草花が栽培されている学校で生活する場合とそうでない場合、思いやりの心を育てるキャッチフレーズが校内の随所に掲示されている場合とそうでない場合では、生徒の内面に及ぼす影響には違いがあるのではないでしょうか。

道徳教育の重点目標に基づいて、どのような環境整備をするのか、その方針や概要を全体計画に記述することは大切なことです。

⑥家庭、地域社会、他の学校や関係機関との連携の方法

道徳教育は学校の責任において進めるものですが、家庭や地域との協力を得ることでその効果は向上することが期待できます。このことから、家庭や地域との体制づくりや中学校における道徳科の授業公開、広報活動などについての方針を示すことが考えられます。

このほかにも、学校としての道徳教育の推進体制、道徳教育の評価の在り方などを盛り込むことが考えられますが、道徳教育の全体計画は、日々の指導に生きて働くような計画であることが重要です。全体計画の内容はできるだけ精選して、全ての教職員が共通理解、共通実践できるようにすることが大切です。

図6　道徳教育全体計画例（中学校）

日本国憲法
教育基本法
学校教育法
学習指導要領
○○県の教育目標
○○市の教育目標

学校の教育目標
主体的に学び、心身ともに健やかで、人間性豊かな生徒の育成。
- 自主的に学び、熟慮し、創意工夫する生徒
- 感じる心や思いやりの心をもつ生徒
- 心身ともに健康で、体力のある生徒

生徒の実態
- 明るく素直である
- 思いやりの心を育てたい

教職員の願い
保護者の願い
地域の願い

道徳教育の重点目標
人間尊重の精神と生命に対する畏敬の念を基盤とし、他者や集団との関わりを生かして、思いやりの心、集団の一員としての自覚をもって集団の向上に寄与できるような道徳性を養う。

各学年の重点

第1学年	第2学年	第3学年
・身近にいる人に温かい心で接することができる生徒 ・約束やきまりを自主的に守れる生徒	・相手の身になって考え、温かい心で接する生徒 ・規則の意義を理解し、規律ある行動をする生徒	・相手の立場や気持ちを尊重して親切にできる生徒 ・公徳を尊重して法や規則を遵守できる生徒

各教科における道徳教育

国語	互いの立場や考えを尊重しながら言葉で伝え合う力を高める。
社会	社会的義務や責任を重んじ、公正に判断する態度などの公民的資質の基礎を養う。
数学	見通しをもち筋道を立てて考え、工夫して生活や学習をしようとする態度を育てる。
理科	自然体験活動等を通して生命を尊重する態度や自然を愛する心情を育てる。
音楽	音楽を愛好する心情や感性を養い、美しいものや崇高なものを尊重する心を育てる。
美術	創作の喜びを味わわせ、美しいものや崇高なものを尊重する心を育てる。
技術家庭	楽しい家庭をつくり、家族のために役に立とうとする態度を育てる。
保健体育	粘り強くやり遂げる、きまりを守る、集団に参加し協力するなどの態度を育てる。
外国語	他者を受け入れる寛容の精神や平和・国際貢献しようとする態度を育てる。

補充、深化、統合

総合的な学習の時間における道徳教育
粘り強く解決する資質や能力、自己の目標を実現しようとしたり、他者と協調して生活しようとしたりする態度を育てる。

道徳科の指導の方針
道徳科以外の思いやりの心や規範意識を育む道徳教育を補充、深化、統合し、道徳的価値の自覚を深め、道徳性を養う。

特別活動における道徳教育

学級活動	よりよい生活づくりに参画する態度などを育てる。
生徒会活動	望ましい人間関係の形成やよりよい学校生活づくりに参画する態度を育てる。
学校行事	協力してよりよい学校生活を築こうとする自主的、実践的な態度を育てる。

学年・学級経営

特色ある教育活動・体験活動
- 部活動など異年齢集団活動を通して、思いやりの心、規範意識の高揚を図る。
- 集団宿泊活動において、連帯感を高め、協調性を養う。

家庭、地域社会との連携
- 道徳科の授業公開を通して、心の教育の共通理解を図る。
- 学校通信だより、学年だよりなどで生徒の様子を伝える。
- 家庭・地域での生徒の様子を把握する。地域社会において、連帯感を高め、協調性を養う。

校内環境の整備
- 各学年の掲示板に「心のコーナー」を設置し、運営は生徒の創意工夫とする。
- 清掃活動を黙働で行い、奉仕の精神を高める。

生徒指導を生かした道徳教育
- 生徒の実態に応じた生活目標の設定と共通指導。
- 学年段階に応じた基本的な生活習慣の指導を徹底する。

表4　中学校第2学年　道徳教育の全体計画（別葉）例（抜粋）

内容項目	各教科								
	国語	月	社会	月	数学	月	理科	月	音楽
自主、自律、自由と責任	「メディアと上手に付き合うために」	7	地域調査の手法	6					
節度、節制							さまざまな化学変化	6	
向上心、個性の伸長	「わたしを束ねないで」	9			連立方程式・一次関数				歌唱「夢の世界を」
希望と勇気、克己と強い意志			日本の諸地域・関東・東北	5			物質の表し方	4	歌唱「翼をください」
真理の探究、創造	「ハトはなぜ首を振って歩くのか」	6					化学変化と原子・分子	7	
思いやり、感謝	「高瀬舟」	1							歌い継ごう日本の歌
礼儀	楷書と行書	1							
友情、信頼	「走れメロス」	1	近代の日本と世界・明治の国づくり	2					
相互理解、寛容	「説明の仕方を工夫する」	5	近世社会の成立と発達	9	場合の数と確率	1			
遵法精神、公徳心			日本の近代化	1					
公正、公平、社会正義									
社会参画、公共の精神	生活を豊かにする文字	1	日本の地域的特色と地域区分	6	一次関数とグラフ	6			生活や社会の中の音楽
勤労							電流の正体	2	
家族愛、家庭生活の充実	「卒業ホームラン」	6							
よりよい学校生活、集団生活の充実									リズムアンサンブル
郷土の伝統と文化の尊重、郷土を愛する態度			近世社会の成立と発達―身近な地域―						
我が国の伝統と文化の尊重、国を愛する態度							大気の動きと日本の四季		

第7章

学校の教育活動全体で行う道徳教育の実際

道徳教育は全体計画に基づき、道徳性を養うために教育活動全体を通じて行います。本章では、各学校の道徳教育の重点目標及び重点内容項目を設定するための基本的な考え方と手順を解説します。

1 学校の重点目標の設定

道徳教育の目標は道徳性を養うことですが、道徳性をどのように養うのかは各学校で考えるべきことです。重点目標を設定する際には、学校として目指す生徒像を明確にし、それに向けてどのように道徳教育を行うのか方向性を示すことが重要になります。

目指す生徒像は、学校が定めるものですが、その際に勘案すべきこととして、以下のような事項が考えられます。

(1) 教育関係法規の規定

道徳教育は、公教育として行う教育活動であることから、学校教育について規定されている教育関係法規を基に推進することが求められます。中学校学習指導要領の巻頭には、教育関係法規が以下のように示されています。

①教育基本法　全文

②学校教育法

第二章　義務教育　第二十一条　義務教育の目標

第四章　小学校　第三十条　小学校教育の目標／第三十一条　小学校教育の配慮事項

第五章　中学校　第四十五条　中学校教育の目的／第四十六条　中学校教育における配慮事項／第四十七条　中学校の修業年限／第四十八条　中学校の教育課程に関する事項／第四十九条　小学校教育の準用

第八章　特別支援教育　第八十一条　障害による学習上又は生活上の困難を克服するための教育の実施

(2) 時代や社会の要請や課題

今日、学校教育に求められていることは多様ですが、最も重視すべきことは、教育課程の基準である学習指導要領の理念とされている「生きる力の育成」です。「生きる力の育成」は、平成8年（１９９６）の中央教育審議会答申「21世紀を展望した我が国の教育の在り方について」で示された文言です。この答申において示された学校の目指す教育は、次の通りです。

(a)［生きる力］の育成を基本とし、知識を一方的に教え込むことになりがちであった教育から、子供たちが、自ら学び、自ら考える教育への転換を目指す。そして、知・徳・体のバランスのとれた教育を展開し、豊かな人間性とたくましい体をはぐくんでいく。

(b)生涯学習社会を見据えつつ、学校ですべての教育を完結するという考え方を採らずに、自ら学び、自ら考える力などの［生きる力］という生涯学習の基礎的な資質の育成を重視する。

なお、生きる力の構造は、図7のように表されることが一般的です。

また、平成29年の学習指導要領の改訂においては、知・徳・体のバランスのとれた「生きる力」を育むことを目指すに当たって、児童生徒の発達の段階や特性等を踏まえ、「知識及び技能」の習得と、「思考力、判断力、表現力等」の育成、「学びに向かう力、人間性等」の涵養という、資質・能力の3つの柱の育成がバランスよく実現できるよう留意することを示しています。

「知識及び技能」は、個別の事実的な知識のみでなく、習得した個別の知識を既存の知識と関連付けて深く理解し、社会の中で生きて働く知識となるものも含みます。そして、その「知識及び技能」をどう活用するのかという、未知の状況にも対応できる「思考力、判断力、表現力等」、学んだことを社会や

図7　生きる力の構造

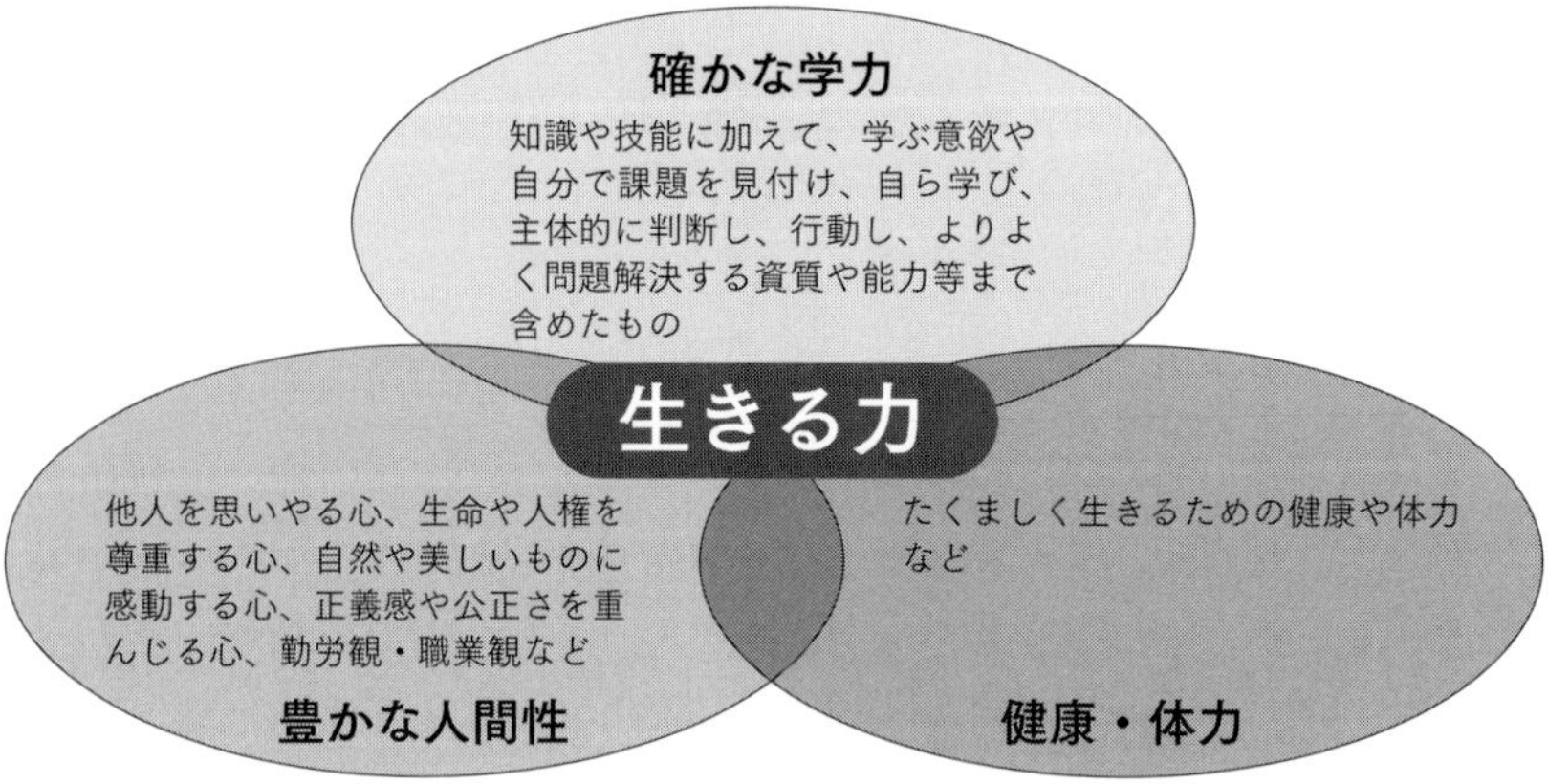
確かな学力
知識や技能に加えて、学ぶ意欲や自分で課題を見付け、自ら学び、主体的に判断し、行動し、よりよく問題解決する資質や能力等まで含めたもの
生きる力
他人を思いやる心、生命や人権を尊重する心、自然や美しいものに感動する心、正義感や公正さを重んじる心、勤労観・職業観など
豊かな人間性
たくましく生きるための健康や体力など
健康・体力

人生に生かそうとする「学びに向かう力、人間性等」を含めた「資質・能力」の3つの柱を、一体的に育成することとしています（図8）。

さらに、時代や社会の要請や課題については、様々な方面から様々な指摘がありますが、例えば、平成28年12月に示された中央教育審議会答申「幼稚園、小学校、中学校、高等学校及び特別支援学校の学習指導要領等の改善及び必要な方策等について」を参照することが考えられます。

この中で現代的な諸課題に対応して求められる資質・能力として、次のようなものを挙げています。

○健康・安全・食に関する力
○主権者として求められる力
○新たな価値を生み出す豊かな創造性
○グローバル化の中で多様性を尊重するとともに、現在まで受け継がれてきた我が国固有の領土や歴史について理解し、伝統や文化を尊重しつつ、多

図8　育成を目指す資質・能力の３つの柱

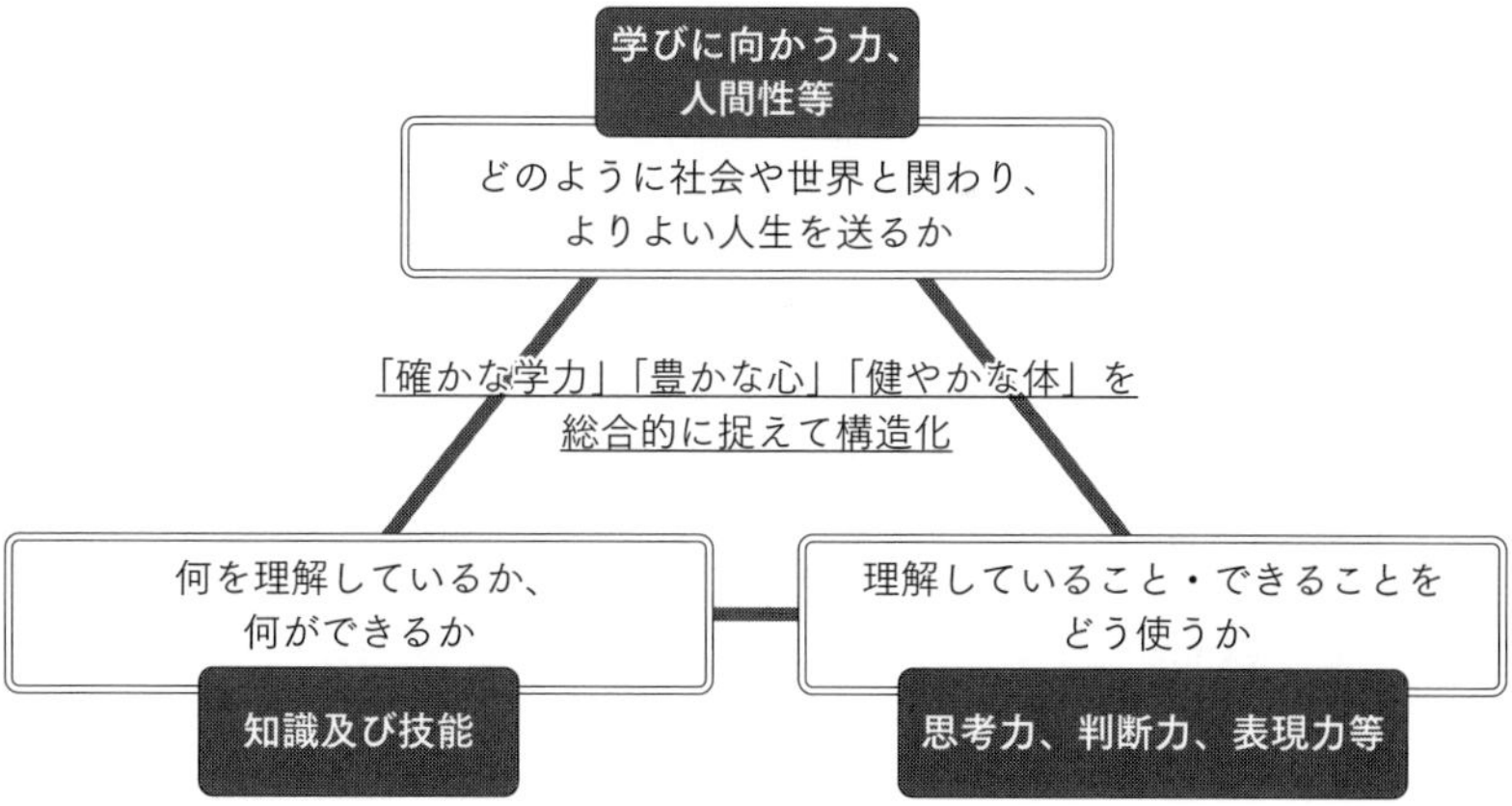

様な他者と協働しながら目標に向かって挑戦する力
○地域や社会における産業の役割を理解し地域創生等に生かす力
○自然環境や資源の有限性等の中で持続可能な社会をつくる力
○豊かなスポーツライフを実現する力

これらの背景としては、例えば、「健康・安全・食に関する力」では自然災害や事件・事故から身を守ることなどが、「主権者として求められる力」では選挙権年齢が18歳以上に引き下げられたことなどが、「新たな価値を生み出す豊かな創造性」では、プログラミングの働きにより生活の便利さや豊かさがもたらされていることについて理解し、自分の意図した活動に活用していけるようにすることが求められていることなどが挙げられます。こうした時代や社会の要請や、課題の概要を押さえておくことも大切です。

(3) 教育行政の重点施策

小・中学校は、基本的に市区町村教育委員会が設置者です。また、高等学校や特別支援学校などは、市区町村教育委員会が設置者であることも散見されますが、概ね都道府県教育委員会が設置者です。

学校の道徳教育の目標を設定する際には、これらの設置者の教育目標、教育方針を勘案することが求められます。

例えば、東京都教育委員会であれば、以下のように目標を定めています。

■東京都教育委員会教育目標

東京都教育委員会は、子供たちが、知性、感性、道徳心や体力をはぐくみ、人間性豊かに成長することを願い、

・互いの人格を尊重し、思いやりと規範意識のある人間
・社会の一員として、社会に貢献しようとする人間
・自ら学び考え行動する、個性と創造力豊かな人間

の育成に向けた教育を重視する。

また、学校教育及び社会教育を充実し、だれもが生涯を通じ、あらゆる場で学び、支え合うことができる社会の実現を図る。そして、教育は、家庭、学校及び地域のそれぞれが責任を果たし、連携して行われなければならないものであるとの認識に立って、すべての都民が教育に参加することを目指していく。

（平成13年1月11日東京都教育委員会決定）

また、区市町村教育委員会の教育目標として、東京都八王子市の教育目標を例示します。

■八王子市教育委員会教育目標

「あふれる元気・かがやく心・仲間とともに・はばたけ未来へ」

八王子市教育委員会は、学校教育と社会教育の密接な連携のもと、子どもたちが自分らしさを発揮し、未来に対して夢をもって生きることのできる社会と、すべての市民が生涯にわたって心豊かな人生を送るための生涯学習社会の実現を目指し、以下の教育目標に基づき、積極的に教育行政の推進を図る。

子どもたちが、知性、感性、道徳心や体力を育み、人間性豊かに成長することを願い、

・「あふれる元気」健康な心身・活力：心身ともに健康で、生き生きとした人
・「かがやく心」豊かな知性と感性・個性：自ら学び考え、知性と感性を高めようとする人
・「仲間とともに」協調性・社会性：互いの人格を尊重し、思いやりと規範意識のある人
・「はばたけ未来へ」意欲・積極性：積極的に自分を高め、社会の向上に貢献しようとする人

の育成に向けた教育を推進する。

また、学校教育及び社会教育を充実し、生涯を通じ、あらゆる場で学び支え合うことができる社会の実現と家庭・学校及び地域が連携し、それぞれが責任を果たし、すべての市民の教育への参加を目指していく。

（平成14年1月23日八王子市教育委員会決定）

(4) 学校や地域の実態と課題

学校の組織や教職員の構成、学校を取り巻く地域の実態や課題などを考慮することも大切です。各学校では、年度の終わりに次年度の教育計画の立案に向けて、当該年度の教育活動を振り返り、改善・充実を図る学校評価を行っています。この中で道徳教育に関わる項目・指標としては、生徒指導が挙げられます。

生徒指導は、学校教育において学習指導とともに重要な機能と言えます。したがって、領域概念としての道徳教育と同様に論じるべきものではありませんが、道徳的実践の指導、それを支える内面的資質としての道徳性を鑑みれば、学校評価における生徒指導の状況は大いに参考にする必要があるでしょう。

また、地域の実態に関わって、学校運営の状況を評価し、その結果に基づき学校運営の改善を図るため必要な措置を講じ教育水準の向上に努めなければならないといった学校評価に関する根拠となる規定（学校教育法第四十二条）があります。

さらに、学校教育法第四十三条で保護者や地域の人々など関係者の理解を深め、連携・協力の推進のために学校運営の状況に関する情報を積極的に提供するといった規定が新たに設けられています。

そして、学校教育法施行規則には、学校の自己評価の実施・公表（第六十六条）、保護者など学校関係者による評価の実施・公表（第六十七条）、それらの評価結果の設置者への報告（第六十八条）などが定められています。

平成28年改訂の「学校評価ガイドライン」には、学校の具体的な目標や計画を設定するために明らかにすべきこととして、学校が短期的に特に重点を置いて目指したいと考える成果・特色や取り組むべき課題、前年度の学校評価の結果及びそれを踏まえた改善方策、児童生徒、保護者、地域住民に対するアンケート、保護者や地域住民との懇談会などを通じて把握した学校への意見や要望及びそれらから見えてくる課題を例示しています。

(5) 教職員や保護者の願い

保護者や地域住民から家庭や地域社会における道徳の内容に関わる生徒の様子について、質問紙を用いて、その状況やそれに関わる思いや願いを把握します。

質問紙を作成する際には、調査を実施する目的を明らかにして、得たい情報が保護者や地域の人々に伝わるようにすることが大切です。具体的には、学校では把握できない家庭や地域社会における生徒の姿を、保護者や地域の人々に見てもらうことが考えられます。また、家庭や地域社会における生徒の姿から、保護者や地域の人々が考える育てたい生徒像を把握することが考えられます。さらに、保護者や地域の人々が学校に期待する道徳教育の在り方を問うことも考えられるでしょう。

いずれにしても、次年度の道徳教育を進めるに当たり、重点的に指導する内容を設定するために、例えば、「家庭や地域での生徒の様子を把握したいと思います。そこで、保護者や地域の皆様から見た生徒の姿を伺いたいと考えました」というように、学校がどのような意図で調査を行うのかを伝えることが必要です。

また、「皆様からいただいたご意見やご感想を基に、学校としての道徳教育の方針を定めてまいります」というように、調査から得た情報をどのように活用するのかを明示して実施することも大切です。

回答者の立場に立って、回答に要する時間を勘案しつつ、評定尺度を用いて選択する方法にするのか、自由記述で回答を得るのかなど方法を明確にすることも重要です。調査結果は回答者にフィードバックすることが大原則ですので、アンケートの作成、実施、結果の分析・考察、回答者へのフィードバックといった一連の作業が教職員の負担過重にならないように工夫を凝らし、計画的に実施することが求められます。

(6) 生徒の実態と課題

道徳教育の目標を設定する際に把握する生徒の実態は、道徳性に係る実態です。道徳性は、生徒が今後出合うであろう様々な場面、状況において、道徳的行為を主体的に選択し、実践するための内面的な資質・能力であり、人格の基盤となるものです。生徒の内面を分析的に捉えることは容易ではありませんが、学校教育全体で道徳性を養うために行った道徳教育の結果としての生徒の姿は把握する必要があります。

そこで、生徒の日常的な行為を把握して、その内面を推察することが考えられます。その中心となる方法は、教師による日常観察です。生徒のありのままの言動を観察して、記録します。特に、これまで学校が重点的に行った道徳教育の結果から生徒にどのような成長が見られるようになったのか、行為を視点として把握します。生徒の特徴的な行為を記述したり、あらかじめ成長の様子を把握するための項目を設定するなどチェックリストを活用したりして、生徒の行為を把握します。そして、行為の目的や動機、意図を推察することが考えられます。いずれの方法も、一定の時間を定めて、学校として組織的・計画的に活用するように心掛けたいものです。なお、市販の診断テストやアンケート式心理テストなどもあるため、これらを活用することも生徒の実態を把握するひとつの方法と考えられます。多様な方法を用いて多面的、多角的な実態把握を行うことが重要です。

これらの基本的把握事項を踏まえて、A中学校は、「思いやりの心が豊かな生徒」と「高い規範意識をもつ生徒」を目指す生徒像として、以下のような道徳教育の目標を設定しました。

人間尊重の精神を生かし、思いやりの心を豊かにもって、規範を尊重しようとする生徒を育成する。

2 学校の重点内容項目の設定

道徳教育の目標を設定したら、次に学校の教育活動全体を通じて行う道徳教育の重点内容項目を設定します。学校として目指す生徒像、道徳教育の目標、道徳科の内容項目を勘案して、重点として指導すべき内容項目を選定します。

A中学校は、学校の道徳教育の目標を前述のように設定しました。中学校の道徳科の内容項目は、22項目です。そこで、学校の道徳教育の目標から、次のような内容項目を重点とすることにしました。

目指す生徒像
●思いやりの心が豊かな生徒
●高い規範意識をもつ生徒

↓

学校の道徳教育の目標
人間尊重の精神を生かし、思いやりの心を豊かにもって、規範を尊重しようとする生徒を育成する。

↓

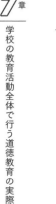

重点内容項目

■思いやり：［B思いやり、感謝］

思いやりの心をもって人と接するとともに、家族などの支えや多くの人々の善意により日々の生活や現在の自分があることに感謝し、進んでそれに応え、人間愛の精神を深めること。

■規範意識：［C遵法精神、公徳心］

法やきまりの意義を理解し、それらを進んで守るとともに、そのよりよい在り方について考え、自他の権利を大切にし、義務を果たして、規律ある安定した社会の実現に努めること。

このように、A中学校では［思いやり、感謝］と［遵法精神、公徳心］を重点内容項目としました。

3 重点内容項目に関わる具体的な指導の機会、時期の明確化

重点内容項目を設定したら、重点内容項目に関わる指導を具体的にどのように行うのかを明確にします。校内の各教科部会で、学校の重点内容項目に関わる指導がどのように行えるのか

を検討することも方法のひとつです。

A中学校では、［思いやり、感謝］や［遵法精神、公徳心］について、各教科等における道徳教育としてどのように具体化できるかを検討しました。

■指導の機会例

国語科　敬語などの相手や場に応じた言葉遣いを理解し、適切に使う学習で思いやりについて考えさせる。

社会科　国民の権利を守り、社会の秩序を維持するために、法に基づく公正な裁判の保障があることを学ぶ中で、規範意識について考えさせる。

理　科　自然環境の保全と科学技術の利用の在り方について科学的に考察することを通して、持続可能な社会をつくる上での思いやりを考えさせる。

家庭科　幼児にとっての遊びの意義や幼児との関わり方について理解する過程で、思いやりについて考えさせる。

保健体育科　運動に積極的に取り組み、勝敗を受け入れたり、仲間の考えや取組を認めたりする中で思いやりの心を育む。

このような各教科等における具体的な指導については、前述の全体計画の別葉に位置付けることが大切です。

第 8 章

道徳科の役割と計画的・発展的な指導

教育活動全体で行う道徳教育と道徳科をつなぐ補充、深化、統合の考え方と、道徳科を計画的・発展的に行うために必要な年間指導計画の意義や内容について解説します。

1 学校の教育活動全体を通じて行う道徳教育を補充、深化、統合する

道徳科の授業は、年間35単位時間行うことを標準とすることが、学校教育法施行規則の別表に記されています。

道徳科の授業は、それ自体が単独であるのではありません。学校の教育活動全体を通じて行う道徳教育の要としての役割があります。学校の教育活動全体を通じて行う道徳教育は、各教科等の特質を生かして行うものです。

「第5章　学校の教育活動全体で行う道徳教育の考え方」「第6章　道徳教育の全体計画」で述べたように、教科にはそれぞれ特質があるため、当該教科で道徳科の全ての内容項目について指導できるとは限りません。また、教科指導は教科の目標に向けた学習が展開されるため、当該教科において道徳教育を深めることができるとも限りません。このような背景から、道徳科においては、学校の教育活動全体で行う道徳教育を補充、深化、統合する役割を担うことになるのです。

(1)　補充

各教科等は、よりよい人格を形成するためのものであって、各教科等の目標に基づいてそれ

それの特質を生かした指導を行います。そのような中で、生徒は、様々な道徳的価値について感じたり考えたりすることで道徳性が養われていきます。しかし、各教科等の教育活動の中で、道徳科の全ての内容について考える機会があるとは限りません。

道徳科は、このように学校の様々な教育活動の中で考える機会を得られにくい内容項目に含まれる道徳的価値について補充する役割があります。

道徳科の「C　主として集団や社会との関わりに関すること」の内容項目に「家族愛、家庭生活の充実」があります。「父母、祖父母を敬愛し、家族の一員としての自覚をもって充実した家庭生活を築くこと」という内容です。

各教科等においては、家庭科で自分の成長と家族や家庭生活との関わりを考え、家族・家庭の基本的な機能について理解する学習をしたり、短学活で担任教師が、「自分でできる家事を分担してやろう」などと指導したりすることがあります。また、5月の「母の日」や6月の「父の日」、あるいは9月の「敬老の日」、11月の「勤労感謝の日」などに、生徒の実態に配慮しながら、家族の大切さ、ありがたさなどについて指導することも考えられます。

しかし、このような指導だけでは、生徒が「父母、祖父母を敬愛し、家族の一員としての自覚をもって充実した家庭生活を築く」ことについて考える機会が十分であるとは限りません。そこで、道徳科において、家族について自分との関わりでしっかりと考えられるように補充するのです。

(2) 深化

次に、深化についてです。生徒は学校生活において様々な体験をしています。そして、それらの体験の中で道徳的価値について感じたり、考えたりしますが、個々の道徳的価値について必ずしもじっくりと考え、深めることができているとは限りません。道徳科は、道徳的価値の意味や大切さ、難しさなどを自分事として捉え、考えを深化させる役割を担っています。

例えば、理科では、生命の連続性の学習があります。生徒は、植物や動物の細胞分裂の様子を見て理解を深めます。教師は、このときに生徒に生命の尊さを感じ取らせようと様々な働きかけをします。生徒は、さらに染色体の受け継がれ方などを学び、生命の不可思議さを感じるようになります。理科には理科の目標があり、理科の時間に「生命の尊さ」について時間をとって考えさせることはできません。

生命尊重については、「D　主として生命や自然、崇高なものとの関わりに関すること」の内容項目に、「生命の尊さ」があります。内容は、「生命の尊さについて、その連続性や有限性なども含めて理解し、かけがえのない生命を尊重すること」です。理科の学習で生徒は、生命の不可思議さを感じたり考えたりしましたが、道徳科では、さらに人間の誕生の喜びや死の重さ、生きることの尊さなど、生命を自分事としてより深く考えさせるようにする役割があるのです。このようなことが深化です。

(3) 統合

生徒は、学校内外で、様々な体験をして道徳的価値について感じたり考えたりしています。しかし、一つ一つの体験を自己との関わりや、全体的なつながりの中で考えないままに過ごしてしまうことがあります。道徳科は、それらの体験やそのときの感じ方、考え方を統合して、生徒に新たな感じ方や考え方を生み出すようにするという役割もあります。

例えば、生徒は、日々の活動の中で友達と様々な関わりをもちます。朝、友達と誘い合って登校します。登校の途中で、今日はどんな授業があるのか、部活動ではどのような活動をするのか、昨日見たテレビ番組はどうだったのかなど様々な話をします。授業中は、友達と一緒に学び合います。給食や掃除などの当番活動は友達と協力し合うでしょう。一方、ともすると友達同士のトラブルが生じることもあります。教師は、折々に友達との関わりについて指導します。

「B 主として人との関わりに関すること」の内容項目に［友情、信頼］があります。内容は、「友情の尊さを理解して心から信頼できる友達をもち、互いに励まし合い、高め合うとともに、異性についての理解を深め、悩みや葛藤も経験しながら人間関係を深めていくこと」です。生徒が自分との関わりで友達同士互いに励まし合い、高め合うことを考える学習で、日常生活において友達との様々な関わりやそのときの感じ方や考え方を全体的に捉えさせるのです。生徒は、友達同士の信頼とはこういうことなのかと、様々な友達との関わりを基に考え、これまでの自分の体験などを全体的なつながりで考えられるようになります。これが統合ということです。

1時間の道徳科の授業で、補充、深化、統合の全てを行うということではありません。この時間は、家族との関わりについて補う（補充）、次の時間は友達との関わりについて深めさせる（深化）、また次の時間は、働くということについて全体として考えられるようにする（統合）などというように、教師が意図的、計画的に指導することが大切になります。

なお、道徳科を要とした道徳教育及び補充、深化、統合については、図9のようになります。

道徳教育は、学校の教育活動全体を通じて行います。各教科でも、総合的な学習の時間でも、特別活動でもそれぞれの特質に応じて行われます。これらの道徳教育と道徳科との関係は、補充、深化、統合なのです。

図9　補充、深化、統合

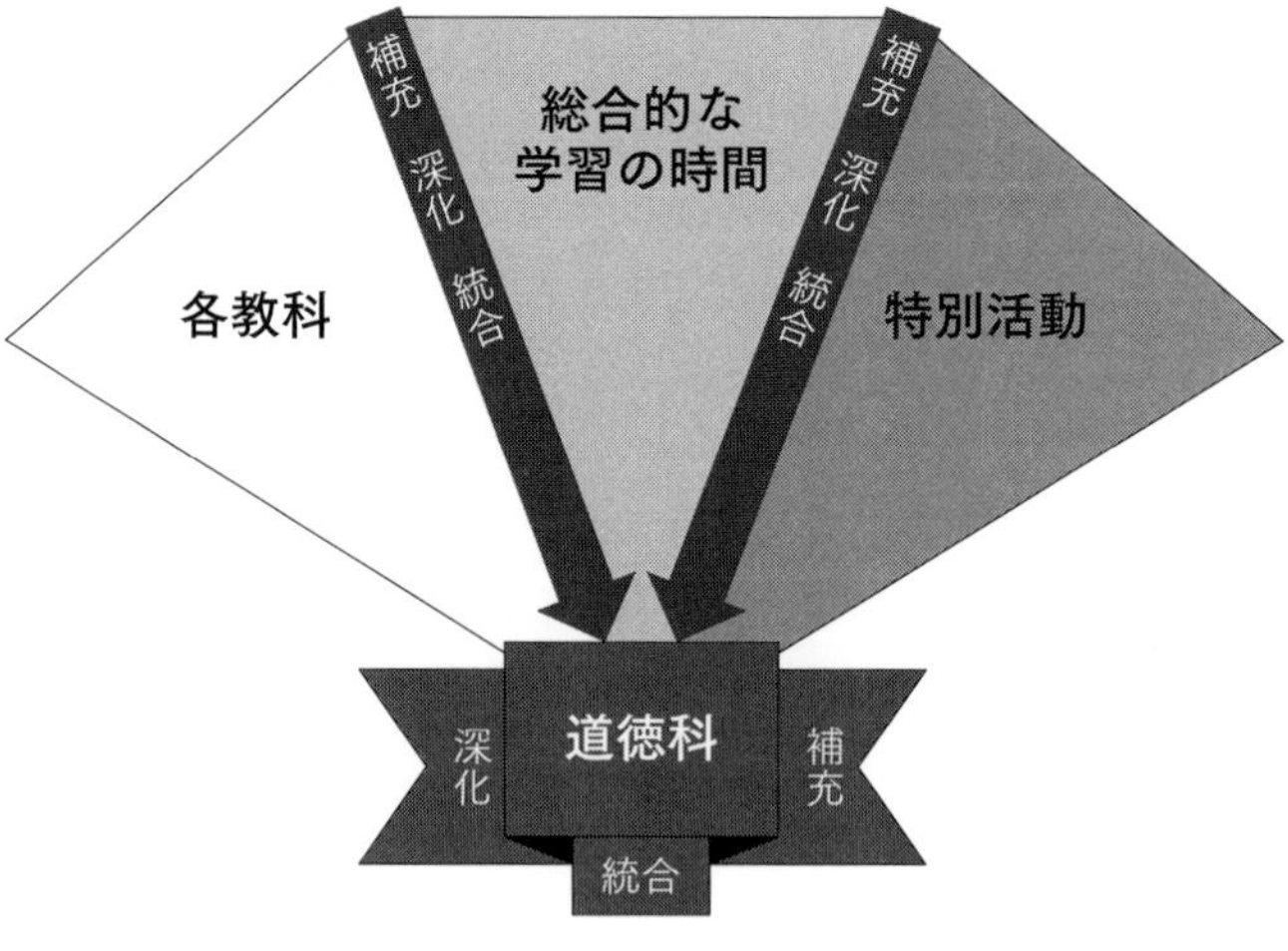

学校の教育活動全体で行われる道徳教育は、道徳科によって集約されると言ってもよいでしょう。

2 計画的・発展的な指導

道徳科の指導は、道徳教育の全体計画にある道徳教育の目標を目指して、道徳科の基本方針に基づいて行います。毎週の道徳科の指導を、どのように行うのかを具体的に示したものが道徳科の年間指導計画です。

それぞれの学年で年間の道徳科をどのように指導するのかを、1時間ごとに示した指導計画です。この年間指導計画にしたがって、1時間1時間の指導を積み重ねることで、道徳性が養われていくのです。

(1) 年間指導計画の意義

①3年間を見通した計画的・発展的な指導が可能になる

年間指導計画を作成することで、学校の道徳教育の目標を目指して、1年生から3年生まで道徳科でどのような指導を、どのような順序で行えばよいかが明らかになります。また、年間にわたって、さらに、3年間を見通した重点的な指導が明確になり、計画的・発展的な指導が可能になります。

②学年相互の教師間の指導の手掛かりとなる

校内でそれぞれの学年において、どのように道徳科の授業を行っているのかが明らかになります。そのため、例えば、学年の中で、あるいは学年を超えて年間指導計画にしたがって行った授業について、情報交換をすることが容易になります。

また、例えば、1年生の担任教師が［友情、信頼］の指導を行った場合、2年生の友情の指導で生徒の様子はどうであったか、また3年生での指導はどうであったかなど、年間指導計画によって各学年の指導内容が分かっているので、学年間での情報交換も可能になります。これらの情報交換は、道徳科の指導の改善・充実を図る上で有効です。

(2) 年間指導計画の内容

道徳科の指導は、教科書を使用して行うため、教科書会社が提供する年間指導計画を活用すればよいという考え方もあります。しかし、各学校には自校の育てたい生徒像があり、独自の重点内容項目があるため、年間指導計画も学校独自で作成することが大切になります。

このように、道徳科の指導を着実に行うために、年間指導計画は各学校で創意工夫をして作成するものなのです。年間指導計画には、特に次の内容を明記しておくことが求められます。

①各学年の基本方針

全体計画の各学年の重点目標、道徳科の基本方針を基に、学年ごとの道徳科の基本方針を具体的に示します。

②指導の時期

学年ごとに道徳科の実施予定の時期を記載します。例えば、5月の第2週、6月の第3週などと示します。

③主題名

道徳科の主題は、どのような道徳的価値をねらいとして、どのように教材を活用するのかを構想する指導のまとまりのことです。主題とは、一般的には主要な題目、メインタイトル、中心となる問題などを意味しますが、芸術作品などの中心となる思想内容などの意味もあります。道徳科の主題は、授業の中心となる道徳科の内容と捉えることもできます。各教科では、授業の内容を捉える場合に単元を用いるものもありますが、単元は学習によって得られる教科内容や経験のまとまりを指すものです。また、題材は、芸術作品などの制作の主題となる材料という意味があります。

④ねらい

1時間の授業のねらいは、ねらいとする道徳的価値や道徳性の諸様相を端的に表したものです。

⑤教材

道徳科の指導で使用する教材は、教科書が中心となりますが、教育委員会が作成した教材を活用することも考えられます。授業で用いる中心的な教材の題名と、その出典などを記述します。

⑥主題構成の理由

ねらいに基づく指導を行うために、教材を選定した理由を簡潔に示すようにします。

⑦展開の大要

ねらいを踏まえて、教材をどのように活用し、どのような手順で学習を進めるのかを簡潔に記述します。年間指導計画にこの部分が欠けていると、学校としての共通実践ができなくなることが懸念されます。

このほかにも、例えば、授業に至るまでの関連がある教育活動、年間指導計画の改善のための備考欄などを設けることも考えられます。

表5　年間指導計画例

月	週	主題名	教材名	ねらい／内容項目	展開の大要	備考
5	1	自分自身に誠実に	裏庭でのできごと	自分の行動に責任をもつことについて考えさせ、自ら考え、行動したことに責任をもつための判断力を育てる。 A［自主、自律、自由と責任］	1　自分の行動に無責任になった経験を振り返る。 2「裏庭でのできごと」を読んで誠実さについて考える。 ○健二が松尾先生にガラスを割ったことを言わなかったのは、どんな思いからか。 ◎一人で職員室へ向かっているとき、健二はどんなことを考えていたか。 ○自分の行動に責任をもつことの難しさを感じたことはあるか。 3　教師の説話を聞く。	
	2	規範について考える	二通の手紙	法やきまりの意義を理解し、秩序と規律ある社会を実現しようとする態度を育てる。 C［遵法精神、公徳心］	1　身の回りのルールについて話し合う。 2「二通の手紙」を読んで規範について考える。 ○入園時刻が過ぎていたことについて元さんはどう考えていたか。 ◎事務所で連絡を待つ元さんはどんなことを考えていたか。 ○法やきまりの大切さを実感したことはあるか。 3　教師の説話を聞く。	
	3	かけがえのない生命	キミばあちゃんの椿	生命の尊さを理解し、かけがえのない生命を精一杯生きようとする心情を育てる。 D［生命の尊さ］	1「生命」についてのイメージを発表し合う。 2「キミばあちゃんの椿」を読んで生命について考える。 ○広瀬淡窓の生き方や万善簿のことを知った裕介はどんな気持ちだったか。 ◎裕介はどんな気持ちでキミばあちゃんの手を握りしめたのだろう。 ○生命のかけがえのなさを感じたことはあるか。 3　養護教諭の話を聞く。	
	4	思いやりの温かさ	帰郷	多くの人々の善意や支えにより、日々の生活や現在の自分があることを知り、それに感謝し応えようとする態度を育てる。 B［思いやり、感謝］	1　自分を支えてくれている人々について話し合う。 2「帰郷」を読んで思いやりや感謝について考える。 ○故郷に向かう電車の中で研一は、どんなことを考えていたか。 ○老夫婦がくれたチャーハンを受け取った研一はどんな気持ちだったか。 ◎帰りの電車の中で研一はどんなことを考えていたか。 ○相手の思いやりに触れて感謝の念を抱いた経験を想起する。 3　詩「行為の意味」を聞く。	

第9章

道徳科の特質

学校の教育活動全体で行う要としての道徳科の目標とそのために行うべき具体的な学習、それらの学習の意義について具体的に解説します。

1 道徳科の目標

道徳科の目標は、学習指導要領「第3章　特別の教科　道徳」の「第1　目標」に以下のように記されています。

> 第1章総則の第1の2の(2)に示す道徳教育の目標に基づき、よりよく生きるための基盤となる道徳性を養うため、道徳的諸価値についての理解を基に、自己を見つめ、物事を広い視野から多面的・多角的に考え、人間としての生き方についての考えを深める学習を通して、道徳的な判断力、心情、実践意欲と態度を育てる。

道徳科は、道徳性を養うことを目標としている学校の教育活動全体を通して行う道徳教育と同様に、道徳性を養うことを目標としています。「第1　目標」には、そのために行う学習が具体的に示されています。

(1) 道徳的価値を理解する

道徳的価値は、よりよく生きるために必要とされるものであり、人間としての在り方や生き方の礎となるものと捉えられます。学校教育においては、これらのうち発達の段階を考慮して、生徒一人一人が道徳的価値観を形成する上で必要なものを内容項目に含めて取り上げています（第4章参照）。

道徳的価値を理解することは、生徒が今後様々な問題場面に出合った際に、その状況に応じて自己の生き方を考え、主体的な判断に基づいて道徳的実践を行うことができるようにする上で不可欠です。答えがひとつではない様々な問題について、その状況に応じたよりよい行為を選択できるようにするためには、道徳的価値を単に一面的な決まりきった形で理解したり、観念的に理解したりするのではなく、多面的・多角的に理解することが求められます。

具体的には、「自律の精神を重んじ、自主的に考え、判断し、誠実に実行してその結果に責任をもつことは大切なことである」「礼儀の意義を理解し、時と場に応じた適切な言動をとることは必要なことである」などと道徳的価値を人間としてよりよく生きる上で意義深く、大切であると理解すること（価値理解）が挙げられます。また、道徳的価値は人間としてよりよく生きる上で大切なことではありますが、それを実現することは容易なことではないといった理解（人間理解）をすること、さらに、道徳的価値を実現したり、実現できなかったりする場合の考え方や感じ方は人によって異なり、状況によってはひとつではない（他者理解）と理解することです。

道徳科の授業では、道徳的価値の理解は必須です。実際にどのように道徳的価値の理解を図るのかは、授業者の指導観によるところです。

例えば、あるクラスの生徒たちは、「目標の達成を目指して、希望をもって困難や失敗を乗り越えて着実にやり遂げること」は大切であると理解しているものの、日々の行動では困難に出合うとすぐに挫けてしまう状況が見られました。担任教師は、生徒の様子から、生徒が困難を乗り越えて目標を達成することのよさや喜びを実感できていなかったことを把握します。そこで、授業では目標に向かって努力することのよさ、困難を乗り越えることの喜びを生徒に考えさせることで、道徳的価値のよさの理解、価値理解を中心とした授業を行いました。

また、別のクラスでも、日々の行動では困難に出合うとすぐに挫けてしまう状況が見られました。しかし、生徒たちはそのことを自覚しておらず、自分たちはそれなりに頑張っていると思い違いをしていたのです。そこで、目標に向かって努力すること、困難を乗り越えて目標を達成することは簡単なことではない、ともすると挫けてしまうこともあることを生徒に実感させる授業を構想しました。人間理解が中心の授業です。

道徳科の授業では、教師が生徒に考えさせるべきことを明確にして、道徳的価値の理解を確実に行うことが求められます。自立した人間として他者と共によりよく生きるための基盤となる道徳性を養うには、道徳的価値について実感を伴って理解できる学習を展開することが大切なのです。

なお、道徳的価値の意義やよさを観念的に理解させる学習に終始することは、一面的な理解に留まるだけでなく、特定の価値観の押し付けにもつながりかねないので留意したいところです。

(2) 自己を見つめる

道徳授業で最も大切なことは、生徒が道徳的価値を自分との関わりで考えることです。道徳的価値の観念的な理解ではなく、自分事として実感を伴って考えたり感じたりすることが重要です。

自己を見つめるとは、今までの自分の経験やそれに伴う考え方、感じ方を想起し、確認することを通して道徳的価値に関わる自分の現状を認識し、道徳的価値についての考えを深めることです。図10は自己を見つめるイメージです。鏡を見ている生徒が自分であり、鏡に映った自分の姿が自己として示したものです。

こうした学習を通して、生徒は、道徳的価値に関わる自らの考え方、感じ方を自覚して、自己理解をも深めることにもなります。そして、このことが、今後の課題や目標を培うことにもつながるのです。

なお、道徳的価値の理解と自己を見つめる学習は、異なる学習ではありません。生徒が道徳的価値を実現することのよさや難しさを自分との関わりで考えることは、その過程で生徒自身を見つめる学習を行っていることになるのです。

図10　自己を見つめるイメージ

(3) 物事を広い視野から多面的・多角的に考える

①多面的に考える

生徒が今後出合うであろう様々な問題は、決して答えがひとつであるとは限りません。困っている人に手を差し伸べることは大切ですが、手を差し伸べることがかえって不親切になる場合もあります。

例えば、幼い子供が転んで泣いています。その状況を見て抱き起こそうとしたとき、その母親が「手を差し伸べないでほしい」と言います。子供の自立のためには、差し伸べずに見守るという親切も大切ということです。親切は、相手の立場や気持ちを考えて手を差し伸べることでもあり、見守ることでもある。また、親切にすることは大事なことですが、状況によっては親切にすることが難しい場合もあるでしょう。できないこともあるといった理解も必要です。

つまり、親切を様々な側面から考察し、親切についての理解を深められるように多面的に考えることが求められます。図11は、多面的に考えるイメージです。中央の植物（ねらいとする道徳的価値）を左右前後から見た場合、見る側面によって「緑がきれい」「枯れているところがある」「つぼみができている」「チョウがとまっている」など様々な見方ができるということです。

図11　多面的に考えるイメージ

②多角的に考える

また、親切に関わる行為は、親切という単一の道徳的価値だけで考えられるものではありません。例えば、電車に乗ってようやく座ることができたところに、荷物を抱えた高齢者が乗車してきて、自分の前に立ちました。席を譲ろうか否か思い悩みます。この状況では、高齢者を思いやって席を譲ろうとする親切が中心になりますが、それだけで片付けられることではありません。「『どうぞ』と言って席を譲って、断られたらどうしよう」となかなか言い出せないこともあります。親切な行為には勇気も必要になるものです。また、これまで様々な高齢者との関わりがあり、自分たちの生活の基盤をつくった高齢者には感謝の気持ちをもつことが必要です。

図12　多角的に考えるイメージ

このように一定の道徳的価値について考えていく中で、異なる道徳的価値との関わりが存在します。一定の道徳的価値から、関連する他の道徳的価値に広がりやつながりをもたせて考えるようにする多角的な理解も大切です。

図12は多角的に考えるイメージです。中心となる樹木（ねらいとする道徳的価値）から周囲を見ると様々な植物（道徳的価値）が見えます。広がりをもって様々な関連を見るということです。道徳科においては、生徒が道徳的価値の理解を基に、物事を広い視野から多面的・多角

的に考えることができるような授業を構想することが求められているのです。

(4) 人間としての生き方についての考えを深める

道徳科の特質として第一に押さえるべきことは、生徒が道徳的価値に関わる諸事象を自分との関わりで考えることです。生徒が道徳的価値の理解を自分との関わりで図り、自己を見つめるなどして道徳的価値の自覚を深めているとすれば、その過程で同時に人間として自己の生き方についての考えを深めていることにもなります。道徳科の授業構想の際には、道徳的価値の理解を自分との関わりで深めたり、自分自身の体験やそれに伴う考え方や感じ方などを確かに想起したりすることができるようにするなど、自己の生き方についての考えを深めることを強く意識した指導が重要になります。

授業構想に際しては、生徒が道徳的価値の自覚を深めることを通して形成された道徳的価値観を基に、人間としての生き方及び自己の生き方についての考えを深めていくことができるような学習展開を工夫したいところです。

人間としての生き方についての考えを深めるためには、生徒がねらいとする道徳的価値に関わる事象を、自分自身の問題として受け止められるようにしたり、多様な考え方や感じ方に触れることで他者理解を深めながら自分自身を深く見つめたりできるようにする必要があります。

(5) 道徳的な判断力、心情、実践意欲と態度を育てる

道徳性とは、人間としてよりよく生きようとする人格的特性です。道徳科の授業は、道徳性を構成する諸様相である道徳的判断力、道徳的心情、道徳的実践意欲と態度を育成することが求められています。

道徳教育で育成を目指す資質・能力を明確にするために、善悪を判断する能力である道徳的な判断力、善を行うことを喜び、悪を憎む感情である道徳的心情、道徳的判断力や道徳的心情を基盤とし、道徳的価値を実現しようとする意志の働きである道徳的実践意欲、道徳的行為への身構えとしての道徳的態度を養うこととしました。

これらの諸様相には、特に序列や段階があるということではありません。道徳性は、道徳授業を丹念に積み上げること、つまり、徐々に、着実に道徳性を養うことによって、潜在的、持続的な作用を行為や人格に及ぼすようになるのです。長期的な展望と、綿密な指導計画に基づいた指導が、道徳的実践につながることを再確認したいものです。

2 道徳科で行う学習の意義

道徳科で行う学習について述べてきましたが、こうした学習は、生徒の今後にどのような意義があるのでしょうか。具体例を基に考えていきます。

Aさんが信号待ちをしていたら、道の反対側を猛スピードで自転車走行をする人物に気付きました。「危ない」と思ったところ、案の定転倒してしまいました。その人物は相当の怪我を負っているようです。

ここでAさんに考えてほしいことは、「すぐに人物を助けに行かなくてはいけない」ということです。怪我を負っている人に手を差し伸べることは、大切なことであるといった善悪の判断です。

しかし、信号は赤で、道路は相当の交通量です。果たして道路を渡って助けに行くことはできるだろうか、と考える状況判断が求められます。ここでAさんは、「道路を渡って助けよう」と決断し、道路を渡り始めたところ、途中で車にはねられてしまいました。なぜ、このような事態に陥ってしまったのでしょうか。それは、善悪の判断、状況判断から望ましい行動を考えたのですが、それが自分にとって可能かどうかの判断が十分でなかったことが考えられます。つまり、自分にできることは何かといった自己理解が足りなかったのです。

私たちが問題場面に出合ったときに求められるのは、その状況で大切なことは何か（価値理解）、そのことは実現可能なのか、簡単なことではない・できないかも知れない（人間理解）、いろいろな考え方がある（他者理解）、そして、自分にできることは何かといった自己理解なのです。

道徳科の学習では、様々な道徳的価値を基に、こうした理解を図る学習が行われるのです（図13）。

図13　行為選択の過程

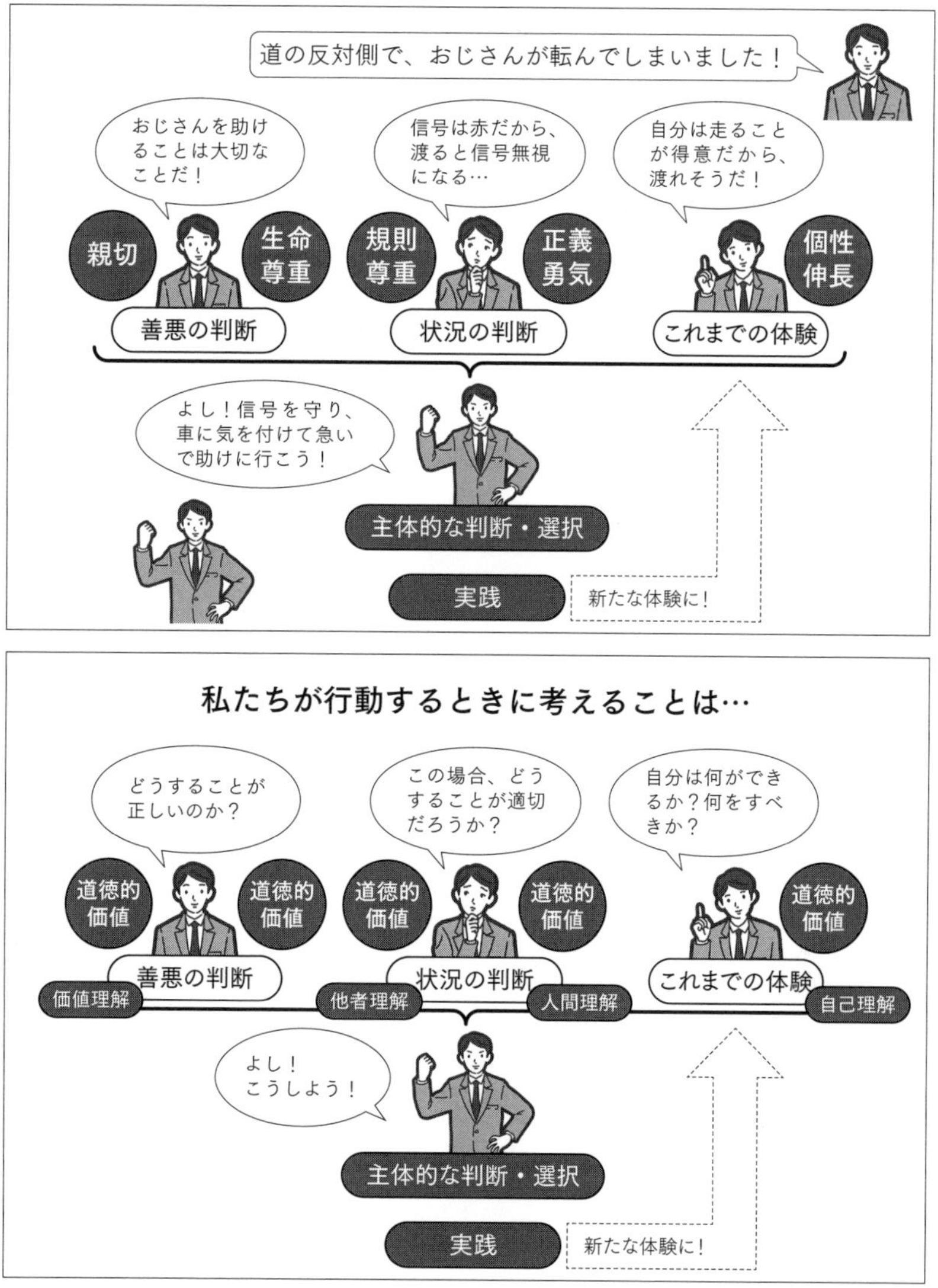
道の反対側で、おじさんが転んでしまいました！
おじさんを助けることは大切なことだ！
信号は赤だから、渡ると信号無視になる…
自分は走ることが得意だから、渡れそうだ！
親切
生命尊重
規則尊重
正義勇気
個性伸長
善悪の判断
状況の判断
これまでの体験
よし！信号を守り、車に気を付けて急いで助けに行こう！
主体的な判断・選択
実践
新たな体験に！
私たちが行動するときに考えることは…
どうすることが正しいのか？
この場合、どうすることが適切だろうか？
自分は何ができるか？何をすべきか？
道徳的価値
道徳的価値
道徳的価値
道徳的価値
道徳的価値
善悪の判断
状況の判断
これまでの体験
価値理解
他者理解
人間理解
自己理解
よし！こうしよう！
主体的な判断・選択
実践
新たな体験に！

第10章

道徳科で活用する教材

道徳科の目標と内容については述べましたが、本章では授業の構成要素である教材について、主たる教材としての教科書の活用及び道徳科で教材を活用する意義について解説します。

1 授業の構造と教材の役割

授業とは、教師が「業《わざ》」、つまり知識や技能などの学問を、生徒に「授」けることと言われています。

学校教育における授業は、指導目標、指導内容、教材によって構成されています。指導目標の設定では、学習指導要領に示された当該教科の目標に基づいて、どのような知識や技能などを育成するのかを明確にすることが求められます。内容は、学習者が習得すべき事項であり、内容の習得によって目標が達成されます。指導目標と指導内容は表裏一体です。授業は、授業者である教師が主となって指導するものです。授業者である教師が、学習者である生徒に考えさせるべきことや身に付けさせるべきことを明確にして授業を構想しなければなりません。

授業を主導するのは教師ですが、授業の中で行われる学習は生徒が主体的に行うことが必要になります。生徒の主体性のない学びは、生徒が知識や技能などを獲得する必然性を感じられなかったり、十分な切実感をもてなかったりするために、学習効果が得られにくい状況に陥ってしまうからです。生徒は教師が設定した問題を自分の問題として切実感をもって捉え、その追究や解決を必然性をもって行うことによって、知識や技能などを効果的に獲得することが期待できるのです。

授業では、教師の指導により生徒が目標を達成するために構成された内容について学習することが中心になります。そして、教師の指導と生徒の学習の媒介としての役割を果たすものが教材です。教材の態様としては、形式あるいは外形として教科用図書（以下「教科書」という。）や副読本などの図書、学習に必要な情報の提示や生徒の思考を促進するための印刷物、観察や実験などに用いる標本、器具などの道具、さらには、画像や映像、実物や実話、文化遺産や社会事象、自然などの環境など多岐にわたります。また、実質としては、物語や論説などの読み物、地図や年表、統計資料、写真やイラストなどを挙げることができます。

学校教育における主たる教材は、教科書です。教科書の需要供給の調整を図ったり、発行を迅速かつ確実にしたりして、適正な価格を維持しながら学校教育の目的を実現するためにつくられた「教科書の発行に関する臨時措置法」には、「教科書」の定義が示されています。それは、「小学校、中学校、義務教育学校、高等学校、中等教育学校及びこれらに準ずる学校において、教育課程の構成に応じて組織排列された教科の主たる教材として、教授の用に供せられる児童又は生徒用図書であって、文部科学大臣の検定を経たもの又は文部科学省が著作の名義を有するもの」としています。

さらに、学校教育法第三十四条には、「小学校においては、文部科学大臣の検定を経た教科用図書又は文部科学省が著作の名義を有する教科用図書を使用しなければならない」と教科書の使用義務が示されています。道徳科の授業の主たる教材も検定教科書になります。

2 道徳授業で使用する教材

道徳科で使用する教材は多種多様ですが、前述の通り主たる教材は教科書です。教科書は文部科学大臣の検定を経ることが必須ですが、その基準となるものが教科用図書検定基準です。道徳科については、以下のように示されています。

義務教育諸学校教科用図書検定基準（平成29年8月10日文部科学省告示第105号）

〔道徳科〕

1　基本的条件

(1)　小学校学習指導要領第3章の第3「指導計画の作成と内容の取扱い」の3の(1)及び中学校学習指導要領第3章の第3「指導計画の作成と内容の取扱い」の3の(1)に示す題材の全てを教材として取り上げていること。

(2)　小学校学習指導要領第3章の第3「指導計画の作成と内容の取扱い」の3の(2)のア及びイ並びに中学校学習指導要領第3章の第3「指導計画の作成と内容の取扱い」の3の(2)のア及びイに照らして適切な教材を取り上げていること。

2　選択・扱い及び構成・排列

(1)　図書の内容全体を通じて、小学校学習指導要領第3章の第3「指導計画の作成と内容の取扱い」の2の⑷及び中学校学習指導要領第3章の第3「指導計画の作成と内容の取扱い」の2の⑷に示す言語活動について適切な配慮がされていること。

⑵　図書の内容全体を通じて、小学校学習指導要領第3章の第3「指導計画の作成と内容の取扱い」の2の⑸及び中学校学習指導要領第3章の第3「指導計画の作成と内容の取扱い」の2の⑸に示す問題解決的な学習や道徳的行為に関する体験的な学習について適切な配慮がされていること。

⑶　小学校学習指導要領第3章の第3「指導計画の作成と内容の取扱い」の3の⑵及び中学校学習指導要領第3章の第3「指導計画の作成と内容の取扱い」の3の⑵に照らして取り上げ方に不適切なところはないこと。

特に、多様な見方や考え方のできる事柄を取り上げる場合には、その取り上げ方について特定の見方や考え方に偏った取扱いはされておらず公正であるとともに、児童又は生徒の心身の発達段階に即し、多面的・多角的に考えられるよう適切な配慮がされていること。

⑷　図書の主たる記述と小学校学習指導要領第3章の第2「内容」及び中学校学習指導要領第3章の第2「内容」に示す項目との関係が明示されており、その関係は適切であること。

1－⑴に示されている事項が示す「題材の全て」とは、生命の尊厳、社会参画、自然、伝統と文化、先人の伝記、スポーツ、情報化への対応等の現代的な課題などの題材です。
また、1－(2)に示されている適切な教材の要件は、以下の3点です。

ア　生徒の発達の段階に即し、ねらいを達成するのにふさわしいものであること。
イ　人間尊重の精神にかなうものであって、悩みや葛藤等の心の揺れ、人間関係の理解等の課題も含め、生徒が深く考えることができ、人間としてよりよく生きる喜びや勇気を与えられるものであること。
ウ　多様な見方や考え方のできる事柄を取り扱う場合には、特定の見方や考え方に偏った取扱いがなされていないものであること。

さらに、2－(1)の「言語活動について適切な配慮」とは、生徒が多様な感じ方や考え方に接する中で、考えを深め、判断し、表現する力などを育むことができるよう、自分の考えを基に討論したり書いたりするなどの言語活動の充実を意味しています。

教科書に示されている教材の多くは読み物教材ですが、道徳科における教材の概要は図14のようになります。

図14　道徳科の教材の態様

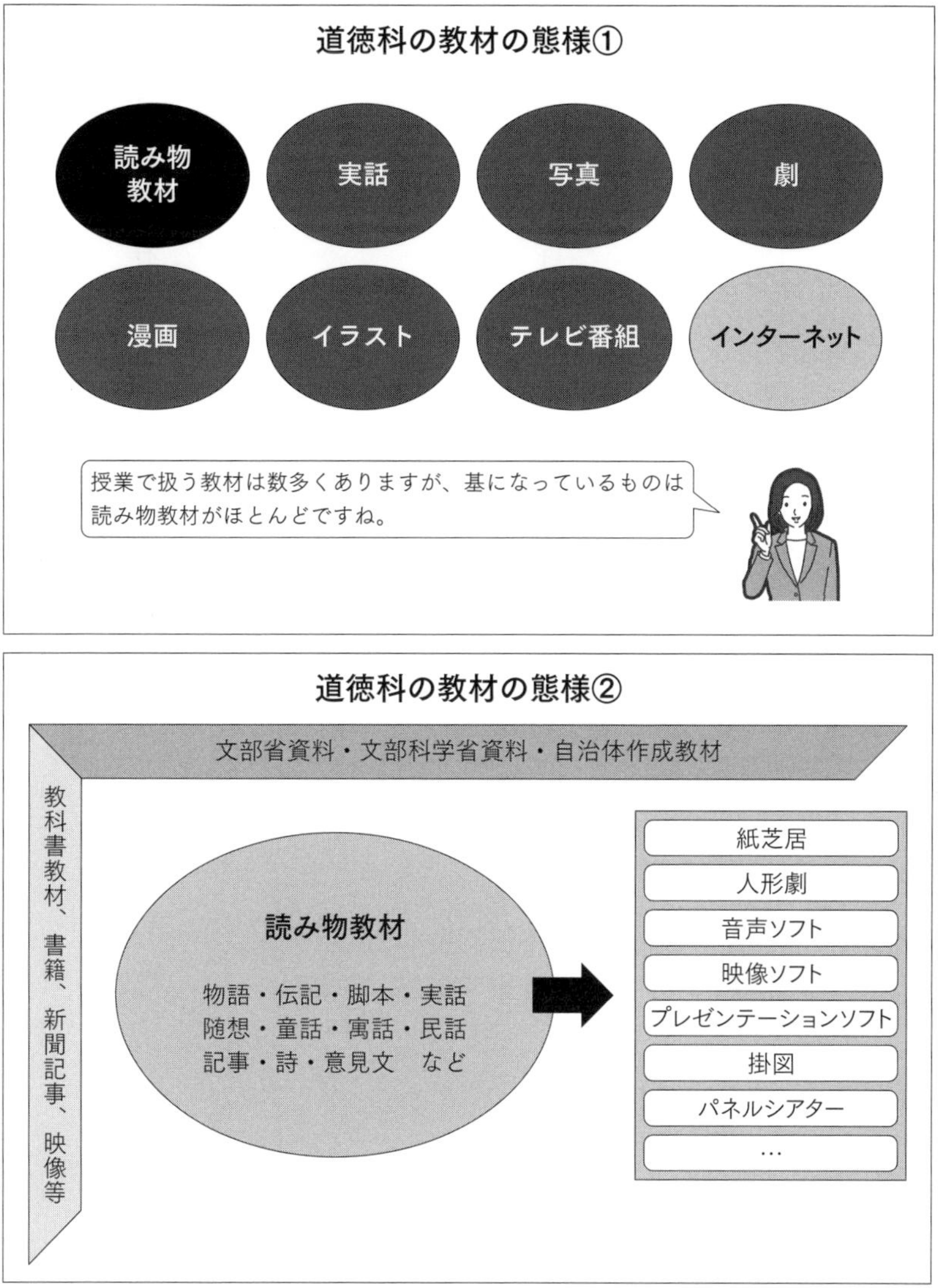

3 道徳授業で教材を活用する理由

(1) 焦点化した集団思考を促す

道徳科の目標は、よりよく生きるための基盤となる道徳性を養うため、道徳的諸価値についての理解を基に自己を見つめ、物事を広い視野から多面的・多角的に考え、人間としての生き方についての考えを深める学習を通して、道徳的な判断力、心情、実践意欲と態度を育てることです。

例えば、道徳的価値の理解については、道徳的価値が大切であるとか、その実現は容易ではないとか、実現に向けて様々な考え方、感じ方があるということを、生徒が自分との関わりで理解する場合、一人一人の経験を基に考えさせることが求められます。

しかし、学級に30人の生徒が在籍していれば、道徳的価値に関わる生徒の経験、具体的な行為は少なくとも30通りあるということになります。そして、それらの一つ一つの経験は、それぞれ様々な考え方、感じ方に根差しています。

例えば、親切に関わる経験としては、「電車の中で高齢者に席を譲る」「バスの中で乳児を抱いた母親に席を譲る」「両手に荷物を持っている人のために扉を開ける」「忙しい母の手伝いをする」「目の不自由な人の道案内をする」など、生徒によって多様です。また、そうした親切な行為の背景も「ゆっくりしてほしい」「赤ちゃんが心配」「荷物が重そう」「忙しそう」「転んだら大変」など多岐にわたります。これらの経験やそのときの考え方や感じ方を、50分の授業の中で一つ一つ取り上げて学習を展開することは容易ではありません。

そこで、生徒がねらいとする道徳的価値の理解を自分との関わりで行い、多様に考えを深め、学び合えるような共通の素材を基に学習を展開する必要があるのです。特に、授業の特質である集団思考を促すためには、1時間のねらいとする道徳的価値に関わる事象が含まれている共通の素材として、教材を活用することが有効です。

また、生徒の具体的な体験に基づく学習は、ともすると生徒の人格を傷つけることも懸念されるため、授業において直接経験を主たる教材とする事例は少ないと言えるでしょう。

(2) 生徒がねらいとする道徳的価値について伸び伸びと考えられるようにする

道徳科の授業は、生徒自身が人間としての生き方についての考えを深める学習を行うものなので、生徒がねらいとする道徳的価値、あるいはそれに関わる事象を自分事として考えることが重要になります。読み物教材を活用する場合、生徒が登場人物に自我関与できるようにすることが求められます。このことは、生徒が自分が登場人物の立場で「もしも自分だったらどうか」と自分事として考えるということです。しかし、「もし自分だったら」と考えさせることは、必ずしも「もし自分だったらどうか」と問うことではありません。

生徒が道徳的諸価値を自分事として考え、多様な考え方、感じ方を基に道徳的価値あるいは道徳的価値に関わる諸事象を広い視野から多面的・多角的に考えるためには、一人一人の生徒が自分で考えたこと、感じたことを支障なく発表し合い、交流できるようにすることが必要です。そこで、「もしあなただったら…」と問われたとしたらどうでしょうか。

例えば、あなたは電車に乗って座っていました。そこに高齢者が乗車して、座っているあなたの近くに立っています。おそらく、高齢者に席を譲ろうと考えるでしょう。しかし、必ずしも即座に「どうぞお掛けください」と申し出られるとは限りません。もしも、あなたが疲れていたらどうでしょうか。あるいは、申し出て断られたらどうしようかと考えるかもしれません。周りには自分よりも若い人が座っ

ている、自分が立たなくてはいけないだろうかなど、いろいろな思いが巡ることも考えられます。

こうした背景があるところで、「電車に高齢者が乗車してきて、座っているあなたの近くに立っています。あなただったらどうしますか」と生徒が問われたらどうでしょうか。「もちろん席を譲ります」と表明できるかもしれません。しかし、「いい子ぶっていると思われたくない」などの思いから、本当は譲りたいところであるが、「譲ります」とは言えない状況もあるでしょう。反対に、「あまり譲りたくない」と思いつつ、周囲の手前「譲ります」と言ってしまうことも考えられます。

そこで、生徒が道徳的価値に対する自分の思いを、躊躇することなく表明することができるように、直接的に「あなただったらどうか」と問うのではなく、教材中の登場人物に託して語れるようにするのです。言い換えれば、登場人物の仮面をかぶって語れるようにするために教材活用が工夫されてきたのです。

この方法の背景として、人間心理の理論と治療技法の体系である精神分析の創始者ジークムント・フロイトが提唱した防衛機制があります。防衛機制は、人間が困難や障害に出合ったり、受け入れがたい苦痛や状況に当面したりした際に、それに伴う悩みや苦悩を減弱させるために無意識に作用する心理的なメカニズムです。

その中に、投影と呼ばれるものがあります。投影とは、自分の態度や欲求などが抑圧されている場合に、それを自分以外の人や物に託して表すこと、つまり、自分の負の感情を相手に押し付けるようなことであり、広義には、自分の考え方や感じ方を相手に映し出すこととされています。

この考え方は、様々な方面で活用されています。例えば、当人の意向を知りたいのに、「あなたはどうですか」と問うても本心の回答が期待できないときに、第三者に託して回答してもらう方法です。具体的には、マーケティングにおいて、「あなたはこの商品を使ってどんな感想をもちましたか」という問いを、「この商品を使った人はどんな感想をもつでしょうか」と問うようなことです。人は他人の感情を体験することはできないので、他人の感情を理解しようとするときは必ず自分の感情を基準にして考えるというものです。

道徳科においても、こうした考え方を基にして、生徒が道徳的価値に関わる様々な考え方、感じ方を支障なく表明できるように、読み物教材の登場人物に託して語らせる手法が用いられているのです。

第11章

道徳科の多様な指導の工夫

第９章で述べたように、道徳科では道徳的諸価値の理解を基に、自己を見つめ、物事を広い視野から多面的・多角的に考え、人間としての生き方についての考え方を深める学習をします。本章では、そのための指導方法の工夫について具体的に解説します。

1 教材提示の工夫

道徳科の学習で最も重要なことは、生徒がねらいとする道徳的価値を自分事として考えることです。読み物教材を活用して道徳的価値について考える場合、当該の道徳的価値に関係する登場人物に自我関与して、道徳的価値を多面的・多角的に考えることが求められます。

道徳科の授業で教材を提示する方法としては、読み物教材の場合、教師の読み聞かせが一般に行われています。その際、生徒が登場人物への自我関与を深められるようにするために、生徒が登場人物との親近感をもてるような工夫を行うことが考えられます。

例えば、読み物教材を紙芝居にして提示したり、プレゼンテーションソフトを活用して提示したりする方法があります。また、音声ソフトを使った読み聞かせ、授業者の語り聞かせ、動画による提示なども考えられます。

また、教材文によってかなりの文字数で、読み聞かせに多くの時間を要する場合は、特に生徒に考えさせたい事象をピックアップして提示する方法なども考えられます。教材提示の工夫は、生徒が自分事としてねらいとする道徳的価値について考えられるように、授業者が明確な意図をもって行うことが重要です。

2 発問の工夫

道徳科に限らず授業の中では、授業者としての教師が学習者としての生徒に対して問いを発することが一般的です。授業者が発する問いが発問です。発問は、生徒に考えさせるために行うものです。道徳科で、生徒がねらいとする道徳的価値を自分事として考えられるような発問を行いたいものです。

なお、質問という言葉がありますが、これは知りたいこと、分からないことを問い質《ただ》すことです。授業において、知りたいこと、分からないことを問い質す質問をするのは主に生徒であると言えるでしょう。

道徳科における発問は、生徒にねらいとする道徳的価値に関わることを考えさせるために行うと述べましたが、具体的には以下のような発問が考えられます。

(1) 道徳的価値を実現することのよさや意義など価値理解を図る発問
(2) 道徳的価値を実現させることの難しさ、実現できない弱さなど人間理解を図る発問
(3) 道徳的価値に関わる多様な感じ方、考え方などに出合わせる他者理解を図る発問
(4) 生徒の自己を見つめさせる発問
(5) 道徳的価値を様々な側面から多面的に考えさせる発問
(6) 道徳的価値を関連する道徳的価値との関わりから多角的に考えさせる発問

(7) 道徳的価値を視点として、人間としての生き方についての考えを深める発問

発問構成の際には、教師が生徒に考えさせたいことを明確にし、それに適した発問、生徒が考える必然性、切実感のある発問を心掛けることが大切になります。

発問構成の手順としては、初めに教師が最も考えさせたいことを中心発問として設定することが重要です。そして、その発問に基づく学習を充実させるための発問を構成するようにしたいところです。

3 話合いの工夫

道徳科では、生徒が多様な考え方、感じ方に接する中で、考えを深め、判断し、表現する力などを育むことができるよう、道徳的価値に関わる自分の考え方、感じ方を基に話し合ったり書いたりするなどの言語活動を充実することが求められています。また、近年、授業改善の視点として、対話的な学びが挙げられています。

(1) 対話とは

対話は、互いに向かい合って話し合うことで2人の場合に用いられることが多いようですが、

複数の人物間の思考の交流やそれによって問題を追究していく形式といった考え方もあります。

また、授業の特質は集団思考にあります。対話的な学びの対象は、生徒同士、生徒と教師が基本になります。道徳科では、指導の意図に応じて、授業に家庭や地域の人々、各分野の専門家等の積極的な参加や協力を得ることが求められています。ゲストティーチャーが参加する授業の場合は、生徒とゲストティーチャーとの対話も考えられます。

さらに、道徳的価値の自覚を深めるために活用する教材に登場する偉人や先人などの人物との対話が考えられます。生徒がそうした人物に向き合い、問いかけます。当然それらの人物からの答えはありませんが、生徒は自分の問いかけに対して、偉人や先人はどう答えるだろうかと考え、その答えを想像します。形の上では生徒の自問自答ですが、人物に真剣に向き合い道徳的価値に関わる問題を追究することから、こうした学びも対話的な学びと捉えることができます。

(2) 話合いの特質と態様

道徳の特別の教科化に際して、「考え、議論する道徳」が提唱されました。議論には様々な形態があります。意見を戦わせ可否得失を論じ合う討論、ある問題について2人で話し合う対談・ペアトーク、小集団で問題について話し合うグループトーク、多数で問題を考え合う集団討議などが挙げられます。

道徳科における話合いは、一定の道徳的価値について生徒相互の話合いを中心とする指導方法とされてきました。この指導方法は、話すことと聞くことが並行して行われるので、道徳的価値に関わる事象を介して道徳的価値についての理解を深め、自他の考え方、感じ方を比較、検討して、自分の考え方、感じ方のよさや課題に気付くことができます。話合いは、道徳的な思考を適確にする上で効果があるとされています。

話合いの展開では、教師の発問や助言が学習活動を方向付ける要因となるので、道徳的価値に関わる生徒の実態を基に生徒に考えさせるべきことを明確にするとともに、生徒の発達の段階や経験に即した用語や内容を考慮することが大切です。

生徒が何を考え、何を目指して話し合うのかを理解できるようにする必要があることから、教師の発問や助言が極めて重要になるのです。一人一人の生徒の発言を大切にし、問い返しなどにより生徒の考え方、感じ方を深めるようにします。また、生徒が互いに考えを傾聴し、授業でねらいとする道徳的価値を自分の問題として受け止め、これまでの経験などを基に十分に考えた上で発言するように指導する必要があります。

話合いに当たっては、授業者が生徒の実態などに基づいて、ねらいとする道徳的価値について何をどのように考えさせるのかを明確にして、読み物教材や視聴覚教材などの内容から話題を設定したり、日常生活の具体的な問題、社会生活における時事的な問題などの内容を話題としたりすることが考えられます。その際、それらの話題が学級の生徒の共通の話題となるようにすること、また、生徒が自分事として考えたくなるようなものを取り上げるようにすることが求められます。

(3) 話合いの形態

話合いの形態は、その目的や内容によって異なります。例えば、道徳的価値に関わる自分の考え方、感じ方を明確に表明し合い、互いの考え方、感じ方の比較によりそのよさや課題を明確にさせるという意図であれば、2人で話し合うペアトークを活用することが考えられます。

また、道徳的価値に関わる自分の考え方、感じ方と複数の考え方、感じ方とを比較、検討することで考えを深めようとする意図であれば、小集団によるグループトークが考えられるでしょう。あるいは、道徳的価値に関わる考え方、感じ方の多様性について考えさせようとする意図であったり、ひとつの問題を大勢で追究しようとする意図であったりする場合には、学級全体での話合いが適当と考えられます。

このように、対話的な学びとして話合いを行う場合には、授業者の明確な指導観に基づく綿密な授業構想が不可欠なのです。

(4) 話合いを行う際の留意点

道徳科の授業でどのような指導方法を工夫したとしても、学習としては教師対生徒、生徒相互の対話的な学びである話合いが行われます。話合いには決まった形があるということではありません。授業者が道徳的価値の理解を基に自己を見つめ、物事を広い視野から多面的・多角的に考え、人間としての生き方についての考えを深めるためにどのように話合いを行うのか、明確な指導観をもつことが求められるのです。話合いを取り入れる際は、次のような留意事項が考えられます。

①話合いの目的を明確にする

授業者は、生徒に話合いの目的を明示することが大切です。生徒が道徳的価値に関わる諸事象を自分事として主体的に考えられるようにするためには、生徒自身が学習をすることの切実感と学習への見通しをもつことが肝要です。

例えば、「自分の考えしっかりと伝えるために、隣の友達と話し合ってみよう」「自分の考えと友達の考えを比べるために、グループで話し合ってみよう」などと対話的な学びの目的を示すことが求められるのです。

②生徒の主体性を促す

教師が特定の生徒との対話を繰り返すことで、他の生徒は傍観者となりがちです。教師と特定の生徒との対話であっても、周囲の生徒はただそれを見聞していればよいというものではありません。自分であればどのように考えるかという意識をもって、対話を見聞することが必要です。教師は「これから私はAさんと対話をします。みなさんは、もし自分がAさんだったらどう答えるかを考えながら聞いてみよう」などと指示を出すことが大切なのです。特定の生徒との対話の後に、他の生徒からの意見や感想を取り上げるなどして、対話的な学びを深めるようにしたいところです。

③話題を吟味し明確にする

道徳科の授業で生徒に考えさせるべきことは、教師が決めるものです。このことは教師の恣意的な指導を意味しているのではありません。教師は、生徒の実態を基に、ねらいとする道徳的価値について何をどのように考えさせる必要があるのかを明確にしなければならないのです。話題は教師が提示することが大切です。

授業は教師主導で行うものですが、授業の中の学習は生徒主体でなければならないでしょう。道徳科の学習は、一人一人の生徒が道徳的価値についての考え方、感じ方を深めるなど、道徳的価値の自覚を深めることが求められるのです。自覚は他者からさせられるものではなく、自分でするものです。生徒がねらいとする道徳的価値に関わる自分の考え方、感じ方を想起し、教師や友達などとの対話的な学びを通して、それらを深めていくことが重要です。

④話合いを適切に調整する

話合い自体が活発であっても、本時のねらいとする道徳的価値から逸脱していては望ましいとは言えません。授業者は、話合いの目的を生徒に明確に伝えるとともに、必要に応じて適切な助言を行い、話合いの方向性を修正するなど、対話的な学びをコーディネートすることが大切です。

⑤個々の生徒の価値観を大切にする

道徳科における小集団による生徒相互の話合いで重要なことは、一致した結論に到達する合意形成を目指すものではありません。小集団という親密な関係の中で行われる対話的な学びを通して、一人一人の生徒が自分自身の考え方、感じ方をより深い確かなものとしていくことが重要なのです。

生徒が他者とともによりよく生きることができるようになるためには、他者との考え方、感じ方の交流が大切であり、そのためにも対話が重視されなければなりません。そのためには、生徒が他者の思いに寄り添い、それを尊重しようとする姿勢が求められるからです。

道徳科における対話的な学びの根底には、こうした生徒の姿勢が不可欠です。道徳科の授業はもとより、日頃から生徒が他者を尊重し、温かな人間関係を構築できるように指導することが肝要です。

4 書く活動の工夫

(1) 道徳科における書く活動の意義

道徳科における書く活動は、道徳的価値を理解することを基に自己を見つめること、道徳的価値に関わる事象を広い視野から多面的・多角的に考えること、人間としての生き方についての考えを深めることを意図して行うことが求められます。道徳科に限らず、生徒が書く活動を行う際には、例えば既習漢字を適切に使用することや、「てにをは」などの助詞を適切に活用すること、あるいは、主語と述語を明確にすること、さらには、語と語や文と文との続き方に注意しながらつながりのある文や文章を書くことなど、多様な指導を行うことが考えられます。これらの指導は、生徒の書く力を育てる上で極めて重要です。

しかし、道徳科において書く活動を行う意図は、道徳的価値を理解することを基に自己を見つめること、道徳的価値に関わる事象を広い視野から多面的・多角的に考えることなどであり、生徒の書く力を高めることが一義的なねらいではないことは言うまでもありません。道徳科において書く活動を活用することについては、次のような意義が考えられます。

①生徒の学習の個別化が図れる

教師の発問を一人一人の生徒が確実に受け止め、ねらいとする道徳的価値について自分事として考えることができます。

②生徒が自分の感じ方や考え方を客観的に認識できる

書くためには、教師の発問に応じた自分の感じ方や考え方を想起するとともに、それらを整理して文章化したものと向き合うことにより、自分の感じ方、考え方を客観的に認識するなどの自己理解を深めることができます。

③生徒が道徳的価値に関わる多様な感じ方、考え方を把握する手掛かりになる

生徒が自分の感じ方、考え方を文章化することでそれらがより明確になり、他の生徒が文章化した感じ方、考え方との比較、検討が容易になります。

④生徒が自分の状況を文章化することで課題を把握することができる

ねらいとする道徳的価値に関わる自分の感じ方や考え方を整理して文章化することにより、自分自身の洞察が促され、ねらいとする道徳的価値に関わる思いや課題を培うことができます。

また、教師は生徒の書く活動を観察することで、その後の話合いに生かす記述を確認することができます。それとともに、道徳的価値の理解を深めるための意図的指名に生かすこともできるなどの利点もあります。さらに、書く活動を行うことで学級全員の感じ方、考え方などを把握することができ、生徒理解を深めるための資料にすることもできます。昨今は、ＩＣＴの普及により様々なソフトが開発されています。タブレット端末を活用した書く活動なども工夫したいところです。

5 劇化や役割演技など表現活動の工夫

道徳科で生徒が自分の感じ方、考え方を表現する活動としては、発表したり書いたりする方法が広く行われていますが、生徒に読み物教材中の登場人物の動きやせりふを模擬、模倣させて理解を深める工夫や特定の役割を与えて即興的に演技する工夫などを試みている授業も散見されます。具体的には、劇化や動作化、役割演技などが挙げられます。

(1) 劇化

劇化とは、一般に小説や事件などを劇の形に変えるということです。道徳科では、ねらいとする道徳的価値に関わる行為を含んだ読み物教材が広く活用されています。道徳科における劇化は、教材の内容を劇の形に変えるものです。道徳科における劇化を活用する意図としては、次のようなことが考えられます。

①生徒が自分事として道徳的価値について考えられるようにするために、教材の内容や考えさせたい事象や状況を演じることで理解を促す

生徒が自分事として道徳的価値を捉えられるようにするためには、ねらいとする道徳的価値を含んだ事象が描かれている教材を十分に理解する必要があります。教材中の事象や状況を把握することで、自分との関わりで考えられるようになります。

②生徒がねらいとする道徳的価値のよさやその実現の難しさなどを教材の内容から理解できるようにするために、教材中の考えさせたい場面、状況を再現する

授業においては、道徳的価値の理解を図ることが不可欠です。どのように道徳的価値の理解を図るのかは教師の意図によるところですが、教材中の登場人物が道徳的価値を実現している場面から価値理解を図ったり、登場人物の挫折の場面から人間理解を図ったりする場合は、生徒がその場面、状況を的確に把握している必要があります。そこで、当該の場面を劇化するようにします。

(2) 役割演技

役割演技の意義は、一人一人の生徒、個人と個人、個人と学級やグループなどの関係を認識し、所属する集団の発展向上に対する寄与、望ましい人間関係の発展等について考え、そのためにふさわしい行動をとれるようにすることと言われています。

①道徳科で活用する役割演技の意義

道徳科の指導を基に考えてみると、一人一人の生徒が、ねらいとする道徳的価値に関わる諸問題について、自分の体験や感じ方、考え方などを振り返ることを通して、自分事として問題の対応策等を考えるようにします。役割演技は、このことを通して、道徳的価値の理解を基に自己を見つめたり、道徳的価値に関わる事象を広い視野から多面的・多角的に考えたりすることなどを目指すものと言えます。

具体的には、授業において、教材中のねらいとする道徳的価値に関わる場面や状況における登場人物を演じることが挙げられます。このことで、生徒がその人物が対人的に、あるいは対集団的にどのように関わっているのかを自らの経験などを基に認識し、問題解決に向かって考える活動が期待できます。そして、生徒が自分事として道徳的価値についての問題を考え、話合いなどにより多様な感じ方、考え方に出合うことになります。こうした学習が生徒のひとつの体験として生かされ、将来出合うであろう様々な場面・状況において、望ましい人間関係の調

整と発展、集団への寄与などの道徳的実践となって表れることを期待すると考えられています。

②役割演技の特質

役割演技における即興的演技は、教材の文脈通りに行うものではなく、生徒の日常生活での自分自身の経験に裏付けられたものであったり、経験から割り出されたものであったりする場合が多くなります。このような即興的演技やその観察などの体験を積むことで、様々な問題場面に出合ったときに望ましい行為を主体的に選択できるようになるものと考えられるのです。

即興的演技では、相手への応答が十分に予想できず、次々と移り変わる事態に瞬時に対応するために、決まりきった反応だけでは対応しきれなくなります。そこで、生徒が自分自身の体験などを基に新しい事態に適する反応を模索する中で創造的な活動が促されます。

また、道徳的価値の理解である他者理解、つまり、道徳的価値に関わる多様な感じ方、考え方を知ることにつながります。生徒が即興的演技を行ったり、その演技を観察したり、役割交代を行ったりすることで、自他の感じ方、考え方の違いを認識し、道徳的価値に対する理解を深めることが期待できます。

道徳科で役割演技を活用するねらいは、道徳的価値について理解したり、生徒が自分事として道徳的価値を捉え自己理解を深めたりすることです。そのために、生徒に条件設定を行い、役割をもたせて即興的に演技させたり、ねらいとする道徳的価値を自分の経験などを基に考えたりするのです。また、演技後の話合いで道徳的価値の理解を図ることなども、道徳科で活用する意義がある指導方法と言えるでしょう。

役割演技を効果的に行うためには、教師が役割演技の意義や特質をよく理解して、自らの指導観を明確にした上で活用することが重要です。

③役割演技を活用するための基本的な条件

役割演技を活用するためには、次のような基本的な条件が求められます。

ア　授業者が役割演技を正しく理解していること

道徳科での役割演技とは、いわゆる「心理劇」や「社会劇」をそのまま取り入れることではありません。道徳科の特質を生かした指導を行うために有効であると考えられる場合に、役割演技を活用することが大切です。

イ　授業者が一人一人の生徒を深く理解していること

日常の生徒の言動から道徳的価値に関わる感じ方、考え方を把握するとともに、表現活動に関わる生徒の実態も把握しておくことが必要です。

ウ　授業者と生徒との間に信頼関係が保たれていること

生徒が設定された条件の中で、自分の思いを伸び伸びと表現できるように、教師と生徒の信頼関係が構築されていることが大切になります。

エ　計画的・発展的に行われるような配慮がされていること

道徳科における役割演技は、目的ではなく、手段であることを押さえることが大切です。したがって、思い付きで役割演技を取り入れても効果は期待できないでしょう。年間指導計画に位置付けて、効果的に活用することが大切です。

④役割演技活用上の基本的事項

役割演技は、役割と場面とを設定しておくだけで、生徒に自由に演じさせるものですが、活用に際しては、次のような基本的事項を押さえることが求められます。

ア　即興性の重視による自分自身の振り返り

一定の条件の下で行う即興的演技では、新しい事態への瞬時の対応が求められます。相手の言動に対する応答などは、自分のこれまでの体験に基づかざるを得ません。即興的演技により、自分自身の感じ方や考え方を自覚できるようにすることが大切です。

イ　役割交代による多様な感じ方、考え方の把握

一人の生徒が異なった立場で役割演技を行うことにより、自分と異なる立場や思い、感じ方や考え方を尊重したり、それらを理解したりするなど、多様な感じ方、考え方に出合うことで多面的に道徳的価値を考えようとする態度が育成されます。

ウ　中断法による道徳的価値の理解の深化

必要に応じて、授業者が演技を中断させて、助言を行うなどして話合いを深めるようにします。演技をしている生徒とそれを見ている観衆の生徒が話し合うことにより、道徳的価値のよさや実現の困難さ、道徳的価値観の多様さなど、道徳的価値の理解を深めることが促されます。

エ　演技の巧拙にかかわらず、誰もが行える方法

役割演技は巧みな演技を求めるものではありません。生徒が日常的な生活経験を基に、日頃自分が行っているように話したり、振る舞ったりすればよいのです。ただし、演じている生徒の言葉や動作などは、それらを見ている観衆の生徒が理解できるようにすることが基本であり、適切な声量など必要最低限の指導は必要になります。このことを生徒に十分理解させることが大切です。

⑤役割演技活用上の授業者の役割

道徳科で役割演技を活用する際の授業者の配慮については、次のような事項が挙げられます。

ア　役割演技や話合いがねらいとする道徳的価値から逸脱しないように配慮する

道徳科の授業は、授業者の明確な指導観の下、道徳的価値の自覚を深める学習が展開されるものです。生徒の演技や演技後の話合いは、ねらいとする道徳的価値の自覚が深まるようにすることが必要です。生徒の学習活動をコーディネートすることは教師の役割です。なお、このことは、教師の一方的な指導とは異なります。

イ　演技や話合いによって、特定の生徒が誤解を受けないように配慮する

道徳的価値の自覚を深めるために行った役割演技によって、生徒同士の人間関係に支障を来しては本末転倒です。演技に際しては、一定の条件を設定して、演ずる生徒がその役になりきって演じるように指導することが大切です。同時に、演技後は生徒全員が認識できるように、

明確に役割を解くように配慮する必要があります。

ウ　演技者と観衆の生徒とのパイプ役として助言や励ましなど円滑な進行を行う

役割演技は、演じる生徒だけが道徳的価値について考えればよいということではありません。観衆の生徒には、演技を見る視点を明確に示すようにします。そして、道徳的価値の理解を図るなど道徳的価値の自覚が深まるように、適宜助言をするように配慮することが大切です。

エ　演技する生徒と観衆の生徒の双方を十分に観察するように配慮する

教師は、指導の際に役割演技で生徒がどのような学びをすればよいのか、期待する生徒の姿を明確にもつことが必要になります。このことは、演じる生徒に対しても、観衆の生徒に対しても求められることです。教師は、明確な視点をもって生徒の活動を観察するようにします。

6 板書を生かす工夫

(1) 板書の意義

板書とは、文字通り黒板に文字を書くことです。黒板は、我が国では、学制による学校制度が始まる以前に寺子屋で使われていた塗板（ぬりいた）が原型と言われていますが、長期にわたって教育指導の用具として授業のねらいを達成するために活用されてきました。

板書の目的は、授業のねらいを達成することにつながっていることが大前提になります。道徳科に限らずに、1時間の授業を構想する場合、教師は、学習指導要領に基づいて指導事項を明確にします。そして、それを基に、生徒の実態や活用する教材の特性などを勘案しながら明確な指導観をもち、生徒にどのような学習をさせるのかを明らかにしていきます。このように学習指導過程を構想する中で、教師は意図的に黒板を活用します。

黒板は授業で必ず活用しなければならないものではなく、教師が授業のねらいに向かって指導する際に、有効であると考えた場合に活用するものです。板書とは前述の通り、黒板に文字を書くことですが、教師の意図によっては、例えば、黒板に絵や写真などを掲示することも考えられます。

(2) 道徳科における板書を生かす工夫

道徳科の授業において、板書は、生徒の道徳的価値の理解や多面的・多角的な思考を促すなどの重要な手掛かりとなっています。また、板書は教師が生徒に考えさせたい教材中の事象や内容を示したり、それらの順序や構造を示したり、内容の補足や補強をしたりするなど、多様な機能をもっています。

これらの機能を十分に生かすために重要なことは、教師はどのような意図をもって板書を行うのかということを明確にすることです。1単位時間の授業を終えたところで板書を見れば、その流れが分かるような板書が望ましいと言われることがあります。このことは否定されるものではありませんが、道徳科における板書は、必ずしも生徒の思考の流れや順序を示す順接的な板書により、授業後に流れが分かることを目指して行われるものではありません。生徒が、ねらいとする道徳的価値の自覚を深めることがねらいです。そのために、自分事として道徳的価値の理解を図り、人間としての生き方についての考えを深めるような学習を進める上で、どうように板書を生かすのか、その工夫が何よりも大切になります。具体的には、道徳的価値についての感じ方や考え方の違いや多様さを対比的・構造的に考えられる工夫、生徒が自分事として道徳的価値に関わる事象を考えられるような板書を構成することなどが求められるのです。

7 説話の工夫

説話とは、出来事や考えなどをよく分かるように話すことです。道徳科における説話には、教師が教材を語り聞かせたり、教師の体験談を語り聞かせたりするものが挙げられます。多くの授業では、終末段階に教師の説話が行われます。教師の体験談や所感、ねらいとする道徳的価値に関わる時事問題、ことわざや格言などを説話することが散見されます。

特に教師の体験談は、教師が「自己を語る」ことであり、生徒に感銘を与えることが多いと言われます。教師が自身のねらいとする道徳的価値に関わる事象を含んだ体験談を語ることは有効ですが、話題については十分な配慮が必要になります。具体的には、次のような事項が考えられます。

(1) ねらいとする道徳的価値に適した体験談を行う

人間が行う行為には、良きにつけ悪しきにつけ、ひとつだけの道徳的価値に根差したものではなく複数の道徳的価値が関わることがほとんどです。教師の体験も同様であり、体験を語る場合は、その内容がねらいとする道徳的価値に適したものか否かを十分に吟味する必要があります。いかによい話であっても、このことが不十分であれば、それまでの指導が無意味なものにもなりかねません。

(2) 生徒の発達の段階に応じた体験談を行う

中学生の発達的特質を考慮して、話の内容を十分に吟味する必要があります。同じ話の内容であっても、1年生と3年生では伝え方が異なることも考えられます。生徒の実態を考慮して、焦点化したり、話を単純化したりして、十分な理解が得られるようにすることが大切になります。なお、終末段階の説話であることを考えれば、それほど時間がとれないので、要領を得た話をすることは何よりも心掛けたいところです。

(3) 美談に終始しない

「先生はそんなに立派だったのか」というような話を終始聞かされていては、生徒は「先生は自分とはかけ離れた存在だ」「先生だからできるのだ」というような意識をもって、自らの課題に向かって努力しようとする意欲が高まらないことにもなりかねません。

教師が悩んだり、迷ったりした経験、あるいは失敗談なども語り聞かせるようにすることが求められます。生徒が、「先生も迷ったり、悩んだりして頑張ったのか」ということに気付かせ、自分もやってみようという意欲を高めたいものです。

第12章

道徳科の学習指導案の作成

1時間の授業のねらいを達成するための順序や、具体的な指導方法などをまとめた指導計画が学習指導案です。本章では、道徳科の学習指導案作成の基本的な考え方と指導観を明確にした授業構想について解説します。

1 学習指導案とは

授業を行うためには、学校の総意で作成された年間指導計画に基づいて、1時間の指導を具体的にどのように行うのかを明らかにする必要があります。どのような学習形態で授業を行うか、どのような発問構成にするのかなどを明確にすることが求められます。

学習指導案は、ねらいを達成するために、本時の授業で何をどのような順序や方法で指導するかなどについて、一定の形式にまとめたものです。学習指導案は、多くの場合、研究授業や授業参観などで、参観者に対して授業の概要を説明するために作成されます。

具体的には、学習指導案に、授業の目標や活用する教材に対する考え方、実際の授業の展開案などをあらかじめ整理して記載します。学習指導案の書式は、特に定めはありませんが、各学校では授業者の意図が伝わるようにするために、様々な工夫を行っています。詳細な内容を含む学習指導案を「細案」、学習の流れの計画案を中心とした案を「略案」と呼ぶことがあります。

2 道徳科の学習指導案

道徳科の学習指導案は、授業をしようとする教師が、年間指導計画に位置付けられたそれぞれの主題を指導するに当たって、生徒の実態に即して、教師自身の持ち味を発揮して作成する指導計画です。

道徳科の指導は、道徳教育の全体計画に基づいて全教職員の協力で作成された年間指導計画に基づいて進めることが基本です。充実した年間指導計画であれば、1時間の道徳科をどのように進めればよいか、いわゆる展開の大要が示されているので、それにしたがって授業を行うことができます。より詳細な指導計画の下に授業を行ったり、授業改善のために研究的に授業を行ったりする場合には、生徒の実態に即して、教師自身の持ち味を生かして構想する1時間の授業の指導計画である学習指導案を作成することが必要となるのです。

学習指導案の作成に当たっては、ねらいを目指して、生徒がどのような学習を行えばよいのかを十分に考慮して、何を、どのような順序、方法で指導するのかなど、学習指導の構想を一定の形式にまとめることが求められます。学習指導案は授業者の授業のための計画ではありますが、授業者以外の者が指導の意図や授業構想を理解できるように作成することが大切です。

3 学習指導案の内容

学習指導案には特に決まった形式はありませんが、授業の様子を明らかにするためには、次のような事項を盛り込むことが必要です。

(1) 表題等

表題は、「第○学年　道徳科学習指導案」とすることが一般的です。また、実際の授業を行う期日を記載します。さらに、学級の規模を表す生徒数も記載しますが、学級の生徒の総数を示し、特に理由がなければ男女別の人数を記す必要はありません。

授業者名は、基本的に指導する教師の氏名を示します。まれに、保護者や地域の人々などをゲストティーチャーとして迎えるような授業も散見されますが、授業者はあくまでも教員免許を有する教師であり、ゲストティーチャーを授業者と考えることは適切ではありません。

(2) 主題名

道徳科の主題は、どのような道徳的価値をねらいとし、その道徳的価値について学ぶために、どのような教材をどのように活用するのかを構想する指導のまとまりです。

1時間の道徳科の主題名は、授業者以外の教師や授業参観者などが、主題名を見て授業の内容を把握できるものにします。主題名を考えるときの配慮事項として、第一に、主題を具体的な名称で示すことで教師相互間の主題に対する理解を容易にすること、第二に、生徒の学習に生かすことです。例えば、道徳科の導入段階で生徒に学習への興味をもたせたり、終末段階での学習の確認に生かしたりする意図で主題名を板書するなどの工夫が考えられます。

(3) 内容項目

道徳科の内容は、生徒が人間としてのよりよい生き方を求め、ともに考え、ともに語り合い、その実現に努めるための共通の課題であると捉えられます。これらの内容は、道徳科だけでなく学校の教育活動全体を通じて、様々な場や機会を捉え、多様な方法によって指導されるものです。

内容項目は、「学習指導要領　第3章　特別の教科　道徳」に示されている「第2　内容」を指します。各内容項目には、当該の内容を端的に表す言葉が付記されています（第4章参照）。

(4) ねらいと教材

①ねらい

道徳科のねらいは、1時間の授業で、教師が指導を意図する指導内容と育成すべき道徳性の様相を示したものです。

「ねらい」の設定では、複数の道徳的価値をねらいとして構成しないように留意する必要があります。例えば、活用する教材の中には、学習指導要領に示された様々な内容が含まれていて、登場人物の言動は決して単一の道徳的価値に根差したものとは言えません。このような理由から、それらの道徳的価値を全て「ねらい」に含めてしまうような設定の仕方は不適切です。

道徳科は、ねらいに含まれる一定の道徳的価値についての理解を基に、自己を見つめ、物事を広い視野から多面的・多角的に考え、人間としての生き方についての考えを深める学習を通して、内面的資質としての道徳性を主体的に養っていく時間なのです。

また、「ねらい」の文末表現は、その時間の指導の重点が道徳的判断力にあるのか、道徳的心情にあるのか、あるいは、道徳的態度にあるのか、道徳性の様相を明確にすることが大切で、これによって授業展開が方向付けられます。

②教材名

学習指導案には、授業で活用する教材の名称を記載します。道徳科では教科書を使用することが一般的です。教科書に掲載されている教材自体がひとつの作品である場合が多く、活用する教材の標題はそのまま記し、漢字に直したり、仮名に開いたりはしません。一般図書の中の一部を活用するような場合は、小見出しがあれば小見出しを、なければ書名を教材名として記載することが考えられます。

また、教材名には、その教材の出典を明記します。教科書の教材であれば、教科書名を記します。これは、例えば参観者が事後に改めて教材を調べたり、授業分析を行ったり、自分自身の授業に生かしたりする場合に役立たせる上で有効だからです。

新聞記事や一般図書を教材として活用する場合も、出版元を明記する必要があります。さらに、映像教材を活用する場合にも、制作元を含めて出典を明らかにすることが求められます。

(5) 主題設定の理由

①主題設定

道徳科の学習指導案に示す主題設定の理由は、基本的には年間指導計画の作成段階で吟味されるものであり、実際の授業を行う際に改めて主題設定の理由を説明する必要はありません。しかし、授業者が、指導内容をどのように理解したのかや、これまでの教育活動全体の道徳教育の結果としてねらいとする道徳的価値に関わる生徒の実態をどのように把握し、選定された教材をどのように活用するのかを再確認することは必要です。特に、授業研究として当該校以外から参観者を招く場合には、主題設定の理由を示さなければ授業の善し悪しを判断することはできません。そのため、道徳科の学習指導案には、主題設定の理由を明記するのです。

②主題設定の理由に示す事項

授業を行う上で、最も大切なことは授業者が明確な指導観をもつことです。指導観とは、おおよそ、次の3つの要素から成り立つものと考えられます。

ア　ねらいや指導内容についての教師の考え方
イ　それと関連する生徒の実態と教師の願い
ウ　使用する教材の特質や取り上げた意図及び生徒の実態と関わらせた指導の方策

アのねらいとする道徳的価値に関わる授業者の考え方（価値観）や、イの生徒のねらいとする道徳的価値に関わるこれまでの学びとそこで養われた道徳性の状況に基づいて、授業で生徒にどのようなことを考えさせるのか（生徒観）を基に、ウの教材活用の方向性（教材観）を確認することが大切です。授業の成否は、指導観によって決まるといっても過言ではありません。指導観は、授業の根幹となるものです。いかに指導技術が優れていても、指導する内容やそれに関わる生徒の実態、教材の活用方針が曖昧では、その授業は有名無実なものとなります。

(6) 学習指導過程

1時間のねらいに含まれる道徳的価値の理解を基に自己を見つめ、道徳的価値に関わる事象を広い視野から多面的・多角的に考え、人間としての生き方についての考えを深める授業者の指導と生徒の学習の手順を示すものです。

(7) その他

必要に応じて他の教育活動との関連や板書計画、評価の視点など授業が円滑に進められるよう必要な事柄を記述します。

4 明確な指導観に基づく授業構想

「考え、議論する道徳」を実現するためには、教師が道徳科の内容項目についての理解を深めることが求められます。そして、教師は、それぞれの内容項目について特に大切にしたいことを明らかにしておきます。

例えば、「個性の伸長」であれば、積極的に自分の長所を伸ばし、短所を改めることが求められますが、「自分は特に長所と思われる特徴を、よい方向へ伸ばし続けることを大切にしよう」、または、「努力と強い意志」では、自分の目標をもって、勤勉に、くじけず努力し、自分の向上を図ることが大切ですが、「自分は特にあきらめずに粘り強くやり抜くことを重視しよう」というように、道徳的価値に関わる教師の価値観を明確にするのです。

これらの価値観は、前述の通り道徳科の授業だけでなく、日頃行っている各教科等における道徳教育の基本的な考え方でもあります。これらの指導の結果として、生徒には道徳的価値に関するよさが見られるようになります。一方で、課題も明らかになります。こうしたよさや課題を勘案して、生徒にさらに考えさせたいことを導き出します。これが、授業における指導の中心、学習の中心になるのです。この視点で、教材をどのように活用するかを構想するのです。

生徒のよさや課題を明らかにして、授業で何を考えさせたいのか、その方針を焦点化する「明確な指導観」を確立することが何よりも重要です。指導観とは、これまでも述べたように、次の3つの要素から成り立っています。これらの事柄は、学習指導案において「主題設定の理由」として示されることが一般的です。

(1) 授業者の価値観（ねらいとする道徳的価値について）

授業者の価値観は、ねらいや指導内容についての授業者の捉え方であり、当該の内容項目について特に大切にしたいことを「ねらいとする道徳的価値について」としてまとめたものです。ここに記されていることは、各教科等、様々な機会に指導すべきことです。それらの指導は、生徒の状況に応じて突発的に行うこともありますが、道徳教育の全体計画の別葉によって計画的に指導することが基本になります。

具体的には、［礼儀］に関わる授業の学習指導案の「ねらいとする道徳的価値について」の箇所に、「…よい人間関係を築くには、まず、気持ちのよい応対をしようとする態度を育てる必要がある。そのためには、真心をもった時と場をわきまえた礼儀のよさを考えさせることが求められる」などの記述があれば、「真心をもった時と場をわきまえた礼儀のよさを考えさせる」ことが教育活動全体で行う［礼儀］に関わる指導の視点であることが分かるのです。

(2) 生徒観（生徒の実態について）

授業者の価値観に基づいて行った指導の具体と、その結果としての生徒のよさや課題、その上で道徳的価値について生徒に考えさせるべきことなどを「生徒の実態について」としてまとめたものが生徒観（生徒の実態について）です。

ねらいとする道徳的価値を視点とした生徒のよさや課題を把握することが、ねらいとする道徳的価値に関わってさらに考えさせたいこと、学ばせたいことの明確化につながります。これが生徒観であり、授業の中心的な学習になるのです。つまり、中心的な発問や問題解決的な学習の問題などの基盤になるということなのです。

(3) 教材観（教材について）

使用する教材の特質やそれを生かす具体的な活用方法などをまとめたものが、教材観（教材について）です。1時間の授業で教材をどのように活用するのかは、授業者のねらいとする道徳的価値に関わる考え方（価値観）や生徒のねらいとする道徳的価値に関わるこれまでの学びと、その結果としてのよさや課題、そこから導き出された考えさせたいこと（生徒観）を、教材を活用してどのように具現化するのかを明示します。この授業で生徒に考えさせたいこと、学ばせたいことを基に、教材活用の方向性を再確認することが大切です。このことは、授業における学習の中心に直結します。

図15　授業マネジメント

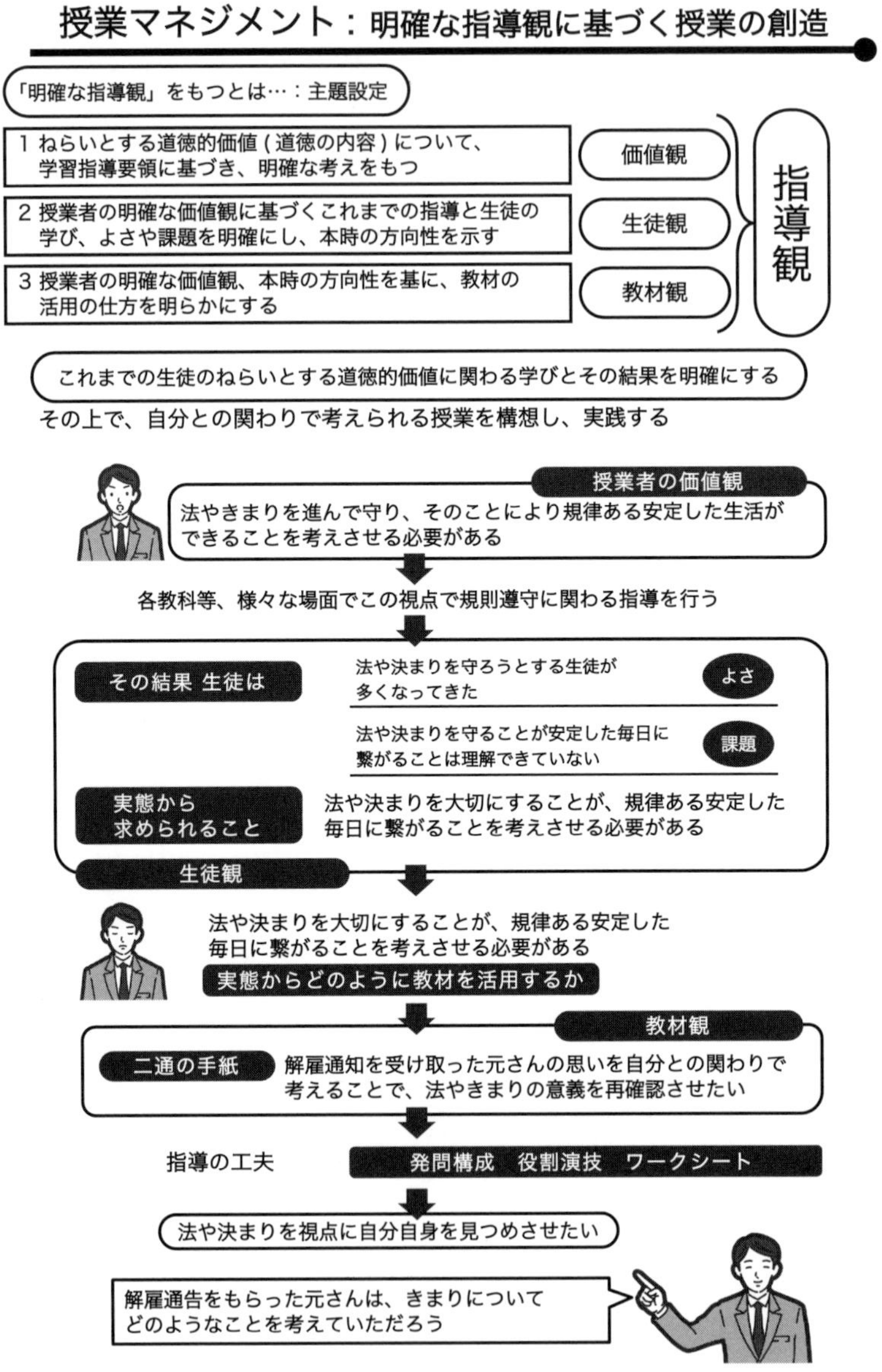

授業マネジメント：明確な指導観に基づく授業の創造
「明確な指導観」をもつとは…：主題設定
1 ねらいとする道徳的価値（道徳の内容）について、学習指導要領に基づき、明確な考えをもつ
2 授業者の明確な価値観に基づくこれまでの指導と生徒の学び、よさや課題を明確にし、本時の方向性を示す
3 授業者の明確な価値観、本時の方向性を基に、教材の活用の仕方を明らかにする
価値観
生徒観
教材観
指導観
これまでの生徒のねらいとする道徳的価値に関わる学びとその結果を明確にする
その上で、自分との関わりで考えられる授業を構想し、実践する
授業者の価値観
法やきまりを進んで守り、そのことにより規律ある安定した生活ができることを考えさせる必要がある
各教科等、様々な場面でこの視点で規則遵守に関わる指導を行う
その結果 生徒は
法や決まりを守ろうとする生徒が多くなってきた
よさ
法や決まりを守ることが安定した毎日に繋がることは理解できていない
課題
実態から求められること
法や決まりを大切にすることが、規律ある安定した毎日に繋がることを考えさせる必要がある
生徒観
法や決まりを大切にすることが、規律ある安定した毎日に繋がることを考えさせる必要がある
実態からどのように教材を活用するか
教材観
二通の手紙
解雇通知を受け取った元さんの思いを自分との関わりで考えることで、法やきまりの意義を再確認させたい
指導の工夫
発問構成　役割演技　ワークシート
法や決まりを視点に自分自身を見つめさせたい
解雇通告をもらった元さんは、きまりについてどのようなことを考えていただろう

5 学習指導案例

■中学校第2学年　道徳科学習指導案

1　主題名　自律的に生きる　（A［自主、自律、自由と責任］）

2　ねらい　自律の精神を重んじ、自主的に考え、判断し、誠実に実行しようとする態度を育てる。

教材名　「裏庭でのできごと」

出　典：『中学校読み物資料とその利用－主として自分自身に関すること』（文部省、1991年）

3　主題設定の理由（指導観）

(1)　ねらいとする道徳的価値について（価値観）

自律とは、他からの支配や助力を受けず、自分の内に自ら規律をつくり、それに従って行動しようとすることである。「自主的に考え、判断する」とは、他人の指示や命令などにとらわれずに、問題の状況を自ら考え、自分の行動を最終的に決めることである。自律は、自分の内部に自ら規律をつくることに焦点があり、自主は外部に対し自分の力で決定することに焦点がある。したがって、自主と自律は一体的に考えられることが多いのである。

「誠実に実行する」とは、自分の良心に従って自分自身が納得して事をなすことである。生徒が、自ら考え、自分の正しいと信ずるところに従って、行動できるような態度を育てていきたい。そのために、生徒自身が自らを律した言動や自分自身に対して誠実に振る舞っていることを取り上げ、そのことのよさや充実感を味わわせるようにしたい。

(2) 生徒の実態について（生徒観）

生徒自身が自らを律した言動や自分自身に対して誠実に振る舞っていることのよさや充実感を味わえるようにするために、以下のような指導を行った。

①社会科

世界各地の人々の生活と環境についてのグループによる調べ学習の際には、友達との協調を図る前に、一人一人が自分自身の調べたいことを明確に表明して学習課題を設定するように指導した。

②学級活動

学級内の諸問題についての話合いに際しては、周囲の状況を考慮して自らの考えを発表する姿を称賛したり、周囲に流されずに自分自身に対する誠実さを取り上げたりして、それらが学級全体に波及するように努めた。

③日常の指導

毎日の短学活における教師の説話では、アメリカ合衆国第16代大統領リンカーンや福沢諭吉など世界の偉人を取り上げ、自律の精神や誠実さに富んだ逸話を語り聞かせ、生徒の感想を問うような指導を行った。

これらの指導により、生徒は自律的に判断し実行するとともに、自分の言動に責任をもとうとする姿が見られるようになった。一方で、目先の利害にとらわれて、自分の意思とは違った行動をとったり、そのことによって暗い気持ちになったりすることも少なくない。

そこで、自律的な言動をしたときの充実感、成就感を求めて行動することのよさや難しさを考えさせることで、自らを律した言動や自分自身に対して誠実に行動することへの考え方を深めるようにしたい。

(3) 教材について（教材観）

自律的な言動をしたときの充実感、成就感を求めて行動することのよさや難しさを考えさせるために、生徒を健二に自我関与させて、松尾先生に報告に行こうと決心するまでの心の中を考えさせる。自律や誠実を実現したいと願う人間としてのよさや周囲からの非難を受けたくないといった人間の弱さなど、多面的に考えられるようにしたい。そこで、自分の信ずるところに従って誠実に行動することのよさである価値理解と同時に、周囲の影響を考えてなかなか実現できない人間理解を深めるために役割演技を活用する。

その布石として、自分自身への誠実さを雄一に自我関与して考えさせたり、打算的な考え方に陥りがちな思いを大輔に自我関与して考えさせたりする。その際には、一人一人の生徒に自分事としてじっくりと考えさせるとともに、対話的な学習を設定して自他の考え方、感じ方の違いを考えさせるようにしたい。

4 学習指導過程

表6　「裏庭でのできごと」の学習指導過程

段階	学習活動（○主な発問と予想される生徒の反応）	□　指導上の留意点（■評価の視点）
導入	1「自律」のイメージを交流し合う。 ○「自律」という言葉を聞いて、どのようなことをイメージするか。	□ねらいとする道徳的価値について考える構えをもてるようにする。
展開	2「裏庭のできごと」を読んで、自律的に行動することのよさや難しさを考える。 ○雄一が職員室に行こうとして、後でいいという大輔の言葉を聞いたとき、どんなことを考えたか。 ・自分がしたことなのだから責任をもって行動しなくてはいけない。 ・友達の考えももっともかもしれない。 ○大輔はどんな思いから「そんなに冷たいこと言うなよ」と言ったのか。 ・結果がよければいいじゃないか。 ・済んだことを気にしても仕方がない。 ◎健二は、松尾先生に報告しようと決心するまでの間に、どのようなことを考えただろう。 ・このままでは後悔することになる。 ・自分が正しいと考えたことを実行しよう。 ・自分が不利になるかもしれない。迷う。 ・やっぱり、黙っていたほうがよいかもしれない。 3　自己を見つめ、自律的に生きることについての考えを深める。 ○今までに迷ったけれども、自分が正しいと思ったことを実現できたことはあるか。 ・部活動の進め方について、少数意見ではあったが自分が正しいと思ったことを主張した。	□自分の考えと異なる意見に出合ったときの思いを自分事として考えさせる。 □つい誠実さを欠いてしまうときの思いを自分との関わりで考えさせる。 □自分の正しいと信ずるところに従って行動することのよさや難しさを、自分事として考えさせる。 □２つの自我を演じる役割演技を通して、自律を実現することのよさや難しさを考えさせる。 ■自律を実現することのよさや難しさを考えているか。 □自分自身と向き合えるようにするために、書く活動を行わせる。
終末	4　教師の説話を聞く。	□教師の体験談を聞き、自律や誠実についての自分の考えを確かめる。

第13章

道徳科授業の実際（B 相互理解、寛容の事例）

寛容の心をもって謙虚に他に学び、自らを高めていく相互理解、寛容の内容項目を、教材「言葉の向こうに」を活用して指導した授業の実際を例示します。

1 学習指導案

■中学校第1学年　道徳科学習指導案

1　主題名　相手の思いを察する（B［相互理解、寛容］）

2　ねらいと教材

(1)　ねらい

相手の状況や立場を尊重することを意識して自分の考えや意見を伝えることの大切さを理解し、伝えていこうとする態度を養う。

⑵　教材名

「言葉の向こうに」（『私たちの道徳　中学校』　文部科学省、２０１４年）

3　主題設定の理由（指導観）

⑴　ねらいとする道徳的価値について（価値観）

人には、それぞれ自分のものの見方や考え方がある。そこで大切なことは、互いが相手の考え方、感じ方を認め、相手の立場を尊重することである。

中学生は、他者の考えや立場を尊重し調和して生活していかなければならないと理解しているが、ともすると、それが単に寛容に生きていくための処世術のように捉えていることも考えられる。人間が相互に個性や立場を尊重することが、自分の人生にとってどのような意味があるのかを考えるとともに、一人一人がそれぞれの立場で個性を発揮することのよさと、相手が変わっても、寛容の心をもち謙虚に他に学ぶことが人間としての成長に役立つことを理解できるようにすることが大切である。

中学生はそれぞれの生徒の個性がはっきりと見えてくる時期であるが、それと同時に意見が違うことから生じる対立や摩擦も少なくない。様々な相手の状況や立場を尊重することを意識して自分の考えや意見を伝えることの大切さを理解し、伝えていこうとする態度を養うことが大切である。そのために、自分の意見との異同にかかわらず、互いの意見を尊重することのよさを考えさせたい。

(2) 生徒の実態について(生徒観)

自分の意見との異同にかかわらず、互いの意見を尊重することのよさを考えさせるために、道徳科以外では次のような指導を行った。

各教科の授業では、グループトークによる対話的な学びを取り入れた。例えば、グループワークの際に解答の正誤にかかわらず互いの考えを交流し、それぞれの意見を聞き、尊重するとともに、認め合う様子が見られた。学級活動では、多くの友達の意見を聞き合い、そのよさを受け止めて、改善策を出し合うことがあった。様々な意見に触れることでよりよい解決策を導き出した。

以上の指導の結果、生徒は相手の意見を受け止めて、物事を多面的に考えられるようになっている。しかし、自分の意見にこだわりがある場合は、時に相手の意見を尊重できない状況も見られた。そこで本時は、相手の意見を取り入れて自らを高めることのよさについてじっくりと考えさせたい。

(3) 教材活用について

ヨーロッパのサッカーチームに在籍するA選手のファンで、インターネットのサッカーファンサイトにて、顔が分からない仲間との交流を楽しんでいた加奈子は、ある日の朝、ヨーロッパで行われた試合の意見交流を楽しんでいた。しかし、その夜、掲示板には加奈子の応援していた選手に対しての誹謗中傷が相次いでいた。このことに怒りを感じた加奈子は掲示板で反論を繰り返すが、今度は自らが非難されてしまう。

インターネット上でのやり取りに難しさを覚えた加奈子であったが、サイト仲間からの言葉をきっかけに、ネットコミュニケーションの大切なことに気付けたという内容である。

相手の意見を取り入れて自らを高めることのよさを考えさせるために、「言葉の向こうにいる人々の顔を思い浮かべてみて」とアドバイスを受けたときの気持ちを、加奈子に自我関与して考えさせる。また、相手の意見を取り入れられない弱さを考えさせるために、怒りで一杯になって夢中でキーボードに向かったときの気持ちを自分事として考えさせる。さらに、自分の思いを相手に伝えているときの気持ちを考えさせるために、「おめでとう」と書き込んだ加奈子の思いを自分との関わりで考えさせる。

4 学習指導過程

表7　「言葉の向こうに」の学習指導過程

段階	学習活動（○主な発問と予想される生徒の反応）	□　指導上の留意点 （■評価の視点）
導入	1.自分と異なる意見に出合ったときの思いを振り返る。 ○自分と異なる意見と出合ったときは、どんな思いになるか。	□自分の経験を想起することで、問題意識をもたせる。
展開	2.本時の学習問題を確認する。 互いの意見を尊重するよさを考えよう	
	3.教材「言葉の向こうに」を読んで、相互理解のよさについて考える。	□内容を確認しながら教師が教材を読み聞かせる。
	○Ａ選手が活躍して、ファンサイトにアクセスしている加奈子はどんな気持ちだったか。 ・同じ思いの人たちと喜びを分かち合えてうれしい。 ・自分の応援する選手が活躍してよかった。 ・サイト仲間のみんなも気分がいいに違いない。 ・自分のうれしい気持ちをみんなに伝えたい。	□自分のうれしい思いを相手に伝えているときの気持ちを自分事として考えさせる。
	○インターネットを介して、自分が非難されたとき、加奈子はどんなことを考えたか。 ・どうして自分の思いが分かってもらえないのか。 ・自分に対する反論を受け入れることはできない。 ・相手の考えていることが全く理解できない。 ・自分の言い分でおかしいところがあるのだろうか。	□自分の考えが非難されたときの思いを考えさせる。
	◎「あなたが書いた言葉の向こうにいる人々の顔を思い浮かべてみて」というアドバイスを聞いた加奈子はどんなことを考えたか。 ・自分のことばかり考えることは、結果的に自分の不愉快な気分を招くことになる。 ・顔が見えなくても、相手の感じ方、考え方を尊重しなければいけない。 ・自分と違う意見でもなぜ主張しているのかを考えることが大切だ。 ○自分と異なる意見を受け入れてよかったことはあるか。	□相互理解の大切さに触れたときの考えを類推させる。 □始めにワークシートに自分の考えを記述し、その後グループで考えたことを交流する。 □相互理解のよさについて、これまでの自分の経験を基に考えられるようにする。 ■互いの意見を尊重するよさを考えているか。
終末	4.教師の説話を聞く。	□教師が体験した相互理解のよさを説話する。

2 授業記録（T：教師　S：生徒）

〈導入〉

T1：自分と違う意見に出合ったときは、どんな思いになりますか。

S1：感じが悪いと思います。

S2：人によって考え方が違うのだから仕方がない。

T2：仕方がないというのはどういうことですか。

S3：人はそれぞれ考えがあるのだから、説得しようとは思いません。

S4：人によっては、何で考え方が違うのかなあって考えることはあります。

S5：全く知らない人だったら仕方ないけど、友達だったら何で違うのかなと考えます。

T3：たくさんの考えを聞くことができました。

〈展開〉

今日は、みんなで考えたいことがあります。「互いの意見を尊重するよさ」です。「言葉の向こうに」という教材を通して考えていきましょう。

〈教材提示：読み聞かせ〉

T4：どうですか。内容は大体理解できましたか。
それでは始めに聞きたいことです。加奈子はA選手の熱烈なファンですが、A選手の活躍を知って、日本のファンサイトにアクセスしている加奈子はどんな気持ちだったでしょうか。

S6：A選手の活躍をサイトのみんなに知らせたい。

S7：A選手のファンでよかったなあという気持ち。

S8：気分は最高です。

S9：みんなで情報を共有して、お祝いしたい。

S10：みんなの感想を聞いてみたい。

S11：これからももっともっとA選手に活躍してほしい。

T5：気分は最高ですか。

S12：同じ気持ちの人とのやりとりは気分がいいです。

S13：やっぱり日頃A選手の話ができないから、仲間同士の情報交換は楽しい。

T6：そうですよね。やっぱり賛同できる意見の人たちとのやりとりは楽しいし、気持ちが安らぎますよね。けれども、時間をおいてアクセスしたら、今度は、A選手の否定的な書き込みがあったんですね。それに対して、加奈子は反論を始めます。そうしたら、加奈子が非難され始めました。そのとき、加奈子はどんなことを考えたでしょうか。
S14：それぞれ自分が応援している選手がいるから、特に違うチームのファンだったらA選手が気に入らないかもしれない。
T7：相手チームの選手だから、批判されても仕方がないと考えたのでしょうか。
S15：自分が応援しているチームが負けたときは、相手の選手に批判的になることだってあると思う。
S16：批判したって、結果は変わらないよ。
S17：それはそうだけど、そんなに割り切れるものじゃないよ。
S18：でも、負けてやけになっている人の気持ちも考えたほうがいいかも。
S19：だからといって、相手の選手を批判してもいいということはないよ。
T8：なるほど。反論していた自分が非難された加奈子は、どんなことを考えたのかな。
S20：自分は非難される覚えはないよ。
S21：どっちが悪いのか考えてほしいです。
S22：お互いに応援している選手がいるんだから、相手を非難するのではなくて自分が応援している選手を応援すればいい。
S23：相手が悪いのだから、書き込みは不合理だよ。
S24：自分は悪くないのだから、相手が折れるまで、反論し続ける。
S25：A選手のファンの人は、私を援護してくれないのかなあ。

T9：同じA選手のファンの人は、反論に協力してほしいということですか。

S26：そんな気持ちもあったんじゃないかなあ。

S27：でも、さっきS15さんが言ったけど、相手は負けちゃっておもしろくなくて、気分が落ち込んじゃっているから。あんまり、むきにならないほうがいいんじゃないの。

S28：でも、だまって聞いているだけじゃおさまらないでしょ。

T10：自分があまりむきになることはないという思いもあったのでしょうか。

S29：少しはあったと思いますが、もう引っ込みがつかないです。

T11：そんなとき、A選手のファンの人かどうか分からないんですが、加奈子にアドバイスがありましたね。「あなたが書いた言葉の向こうにいる人々の顔を思い浮かべてみて」というものでした。この書き込みを見て、加奈子はどんなことを考えたかな。ワークシートに相互理解の大切さに触れたときの考えを書いてみてください。

〈ワークシート配付：書く活動〉

T12：それでは、グループになって友達の考えを聞いて、友達の考えのよいところを見付けてください。

〈グループ・トーク〉

T13：では、友達の考えでいいなあと思ったことを発表してください。

S30：非難されると自分自身が否定されたように感じるけど、そうではなくて考え方の違いという意識をもつことが大切という考えにそうだなと思いました。

S31：意見を否定することは人格を否定することではないということは、なるほどと思います。つい、全否定されたような気持ちになってしまいます。

S32：意見が違っても、一応相手の考えを想像してみるという人がいたのでいいなと思いました。

S33：自分が熱くなったら聞く耳がもてないので、落ち着いて相手の意見を聞くという考えの人がいました。

S34：面と向かえば分かるけど、インターネットだと相手の顔は見えないので、相手の顔を思い浮かべることは大切だと思います。

S35：面と向かっていると相手の感情がある程度読めるけど、インターネットだと分からないね。

S36：インターネットでつながっているんだから、文だけで判断しちゃうけど、相手の顔を想像することが大切だと思いました。

T14：なるほどね。特にインターネットではお互いがそういう思いでコミュニケーションをとれば、トラブルにはならないということですか。

S37：当たり前のようだけど、結構難しいかもしれない。

S38：ついつい自分中心になっちゃいます。

S39：お互いに気を付けないといけないと思います。

S40：やっぱり、お互いがお互いを思いやることが大切だよね。

T15：「互いの意見を尊重するよさ」について考えてもらったんだけど、相互理解は大切で、お互いに思いやりの心をもてるなどのよさはあるけれど、それって結構難しいことみたいですね。（以下略）

〈終末〉

T16：それでは、最後に私の経験談を聞いてください。（説話省略）

第**14**章

道徳科授業の実際（C　国際理解、国際貢献の事例）

他国を尊重し、国際的視野に立って、世界の平和と人類の発展に寄与する国際理解、国際貢献の内容項目を、教材「海と空　―樫野の人々―」を活用して指導した授業の実際を例示します。

1 学習指導案

■中学校第3学年　道徳科学習指導案

1　主題名

地球規模の相互依存関係　（C〔国際理解、国際貢献〕）

2　ねらいと教材

(1)　ねらい

他国を尊重し、国際的視野に立って、世界の平和と人類の発展に寄与しようとする態度を養う。

(2) 教材名

「海と空　―樫野の人々―」（『私たちの道徳　中学校』文部科学省、２０１４年）

3 主題設定の理由（指導観）

(1) ねらいとする道徳的価値について（価値観）

グローバル化が進展する昨今、様々な国や地域における多様な文化や価値観を有する人々と相互に尊重し合いながら生きることが求められている。また、貧困、紛争、気候変動、感染症など、人類は、これまでになかったような数多くの課題に直面しており、これらの課題解決に向けて、持続可能な開発目標（Sustainable Development Goals：SDGs）を立てて、世界中の様々な立場の人々が話し合い、課題を整理し、解決方法を考える取組が進められている。私たちは地球規模の相互依存関係の中で生きており、我が国が、国際的な関わりをもつことなく孤立して存在することはできない。

将来を担う中学生には、国際的視野に立って広く世界の諸情勢に目を向け、日本人としての自覚をしっかりもって国際理解、国際貢献に努めようとする態度を育てたい。そのために、国際的視野に立った相互理解のよさを考えさせていきたい。

(2) 生徒の実態について（生徒観）

国際的視野に立った相互理解のよさを考えさせるために、道徳科以外では次のような指導を行った。

各教科の授業では、社会科において、地域紛争とその背景、格差と貧困、資源エネルギー、地球環境問題など現在の国際社会が抱える問題の解決に当たって求められる国際協調の基盤としての相互理解のよさを考えさせた。また、外国語科においては、国際協調の基盤としての相互理解のよさを具現化するためには、外国語によるコミュニケーション能力の育成が重要であることを指導した。

これらの指導により、生徒は世界の国や地域に関心を高め、国際協調の必要性を意識するようになってきた。一方で、多岐にわたる異文化理解の重要性を十分に実感できているとは言えない。そこで、他国を尊重することのよさや難しさについて考えさせていきたい。

(3) 教材活用について

イラン・イラク戦争のさなかの昭和61年（1986）、イランの首都テヘランに取り残された邦人が2機のトルコ航空機によって救出された。その中の一人であった私は、なぜトルコなのか疑問を抱いたまま20年が経過していた。トルコ人が親日的である理由のひとつが、明治23年

（1890）、紀伊大島の樫野崎で座礁したエルトゥールル号の遭難事故にあることを知る。トルコ記念館を訪れ、樫野の人々が69名のトルコ人の救助・帰国を献身的に支えた事実が分かった。トルコ航空機による邦人救出に重ねて考えることで、ただただ窮地に立った人々を助けたいとの共通の思いを、はっきりと意識したのであった。

他国を尊重することのよさや難しさについて考えさせるために、生徒を樫野の人々に自我関与させて、明治維新により他国との関係ができ始めたとはいえ、このことが一般の人々にまで十分に浸透していない状況の中で、遭難した他国の人々に対する多様な思いを類推させる。また、他国の人々と関わりをもつ上で、国際理解、国際貢献が思いやり、生命の尊さ、自律などの道徳的価値に支えられていることを多角的に考えさせるようにする。また、主人公が先人の国際理解、国際貢献に努めた事実を知ったときの思いを自分事として想像することで、世界の平和と人類の発展に寄与することのよさを考えられるようにする。

4 学習指導過程

表8　「海と空　―樫野の人々―」の学習指導過程

段階	学習活動（○主な発問と予想される生徒の反応）	□　指導上の留意点 （■評価の視点）
導入	1.昨今、我が国と他国などとの関わりについて、関心をもったことを交流する。 ○新聞やテレビ、インターネットなどを通して、日本と他国との関わりで関心をもったことはあるか。	□自分の経験を想起することで、問題意識をもたせる。
展開	2.本時の学習問題を確認する。 ［他国を尊重することのよさや難しさについて考えよう］	□内容を確認しながら教師が教材を読み聞かせる。 □時代背景などを補説する。
	3.教材「海と空　―樫野の人々―」を読んで、国際理解、国際貢献のよさについて考える。	
	○私はどんな思いでトルコ記念館を訪れたのか。 ・自国民より日本人を優先した背景を知りたい。 ・樫野の人々がどのような思いでトルコの人々と関わったのかを知りたい。	□自国と他国との関わりを知ったときの思いを考えさせる。
	◎長老の「トルコの方は大勢いなさる。畑のものだけでは足りんから、みんなの家のニワトリをさばくことになるが。……みんな、ええな」と言ったとき、樫野の人々はどんなことを考えただろうか。 ・他国の人とは言え、同じ人間なのだから助けるのは当然だ。 ・人命には自国も他国もない。 ・異国の地で辛い思いをしている人たちを見殺しにできない。 ・全く知らない他国の人々のために、乏しい自分たちの食料を気持ちよく差し出すことは厳しい。 ・どうして自分たちだけが、犠牲にならなくてはいけないのか。	□自分たちのことより、他国のために尽くそうという意見に対する多様な思いを引き出し、多面的な思考を促すようにする。 □助けることを決断するまでの悩みや迷いを類推させる。 ■他国を尊重することのよさや難しさを考えているか。
	○海と空が水平線でひとつにつながるところを見ながら、私はどんなことを考えていただろうか。 ・今、自分の命があるのは、樫野の人々のおかげかもしれない。 ・国境はあるが、同じ人間として理解し合い、助け合うことが大切だ。 ・国家間の相互理解は国際的によい関係をつくることにつながる。	□互いに他国を尊重することのよさを自分事として考えさせる。
	○国際理解の大切さを感じたことはあるか。	□自分の経験を想起させる。
終末	4.教師の説話を聞く。	□教師が体験した相互理解のよさを説話する。

2 授業記録（T：教師　S：生徒）

〈導入〉

T１：新聞やテレビ、インターネットなどを通して、最近の海外の出来事から日本との関わりで関心をもったことはありますか。

S１：台湾で地震があったときに、東日本大震災で台湾からの援助を受けたこともあって、日本からも援助をしたという話を聞きました。

S２：アメリカ大リーグで日本選手が活躍すると、アメリカの中継でさかんに日本語が飛び出すのがおもしろいと思いました。

S３：ぼくもスポーツのことですが、野球だけじゃなくて、サッカーやバスケットボールでも海外のチームで活躍する日本人選手が増えていると思います。

S４：反対に、この頃は、日本のテレビ番組に外国人のコメンテーターが出ていて、流ちょうな日本語でコメントしていてすごいと思いました。

T２：なるほど、グローバル化が進んでいるから、日本人も海外で活躍しているし、外国の人たちも日本で様々な活動をしていますね。

〈展開〉

今日は、日本と他国の関係について、考えていきましょう。今日のテーマは、「他国を尊重することのよさや難しさについて考えよう」です。
「海と空　—樫野の人々—」という話を通して考えていきましょう。

〈教材提示及び内容の確認〉

T3：イラン・イラク戦争のさなか、なかなかイランを脱出できない中で、トルコ政府が出してくれた飛行機で216人の日本人が脱出できましたね。私もその中の一人でした。シンポジウムで、トルコ政府が救援機を出してくれた理由や、エルトゥールル号の遭難者を救助した樫野の人々の話があることを知ります。そして、トルコ記念館を訪れますが、私はどんな思いでトルコ記念館を訪れたのでしょうか。

S5：自分が今生きていられるのは、トルコ政府のおかげだから、日本とトルコの関係を詳しく知りたい。

S6：樫野の人々が、どのようにトルコの人々を救助したのかを知りたい。

S7：トルコ政府が日本人を救ったきっかけになった、70年近く前の出来事を詳しく知りたい。

T4：そうですよね。70年も前の出来事がきっかけだったんですよね。

S8：トルコの人々が親日的な背景には、樫野の人々のどのような行動があったのか確かめたい。

S9：トルコの人々の心を動かした樫野の人々の思いは、どのようなものだったのだろう。

T5：トルコの人々の心に残っている日本との関わり、それは樫野の人々の行動にありました。それでは、エルトゥール号の海難に当たって、樫野の人々にどのような思いがあったのかを考えていきましょう。

〈エルトゥール号の海難の状況の確認〉

T6：樫野の人々は、エルトゥール号の乗組員を懸命に救出しますね。しかし、当時の樫野は、蓄えた食料もほとんどなかった状況でした。長老の「トルコの方は大勢いなさる。畑のものだけでは足りんから、みんなの家のニワトリをさばくことになるが。……みんな、ええな」と言ったとき、樫野の人々は非常用のニワトリを差し出すことに、誰一人として難色を示す者はいなかったということですが、彼らはどんなことを考えたのでしょうか。

S10：遠い外国で遭難したのだから、助けることは当然のことだ。

S11：命に日本もトルコもないのだから、一人でも多くの命を救いたい。

S12：自分たちのできるだけのことをして、トルコの人々を助けなければならない。

S13：自分たちの非常用の食料だけど、苦しんでいる人たちを放っておくことはできない。

T7：いろいろと考えが出ましたが、現代の私たちと違って、明治時代で樫野の人々は外国のことは分からないし、ましてや外国人を見たことがなかったと思います。いくら長老の話とはいえ、樫野の人々は、自分たちの非常食を迷いなく差し出すことを決断できたのでしょうか。もう一度、一人一人考えてみてください。

〈生徒一人一人に再考を促す〉
〈3分間時間をとって〉

T8：どうでしょうか。自分の考えはまとまりましたか。それでは、グループで話し合ってもらいます。自分の考えと同じところ、また、違うところを確かめて、友達がなぜそのような考えをもったのかを想像してみましょう。

〈4人程度のグループで意見交流〉

T9：グループで意見交流をして、友達と同じ考え、違う考えはありましたか。
S14：やっぱり、あまり出会ったことがない外国の人でも、命に関わるようなときは助けるべきだという考えは同じでした。
S15：今はグローバル化が進んでいるので、様々な国の人たちが日本に来て、外国の人たちと出会うことが普通になっているけど、当時の人たちはそうした経験がなかったと思うので、食料を差し出すことに多少抵抗があったのではないかという考えに、確かにと思いました。

T10：なるほど、100パーセント納得して差し出すということではないということでしょうか。

S16：それは、あまり出会ったことのない外国の人でも、危機的な場合は助けるべきだという ことが前提なんですけど、少し戸惑いがあるという考えは分かります。

S17：自分たちの食料も十分ではない状態では、外国人だけではなくて同じ日本人だって、すぐに差し出すことは難しいんじゃないかと思います。

S18：自分たちの食料を100パーセント差し出すことは難しい思うけど、全く差し出さないということはないと思います。

T11：それは外国人とか日本人とかは関係なくということですか。

S19：まったく関係なくできるかというと、難しいと思います。

S20：それは日本人と外国人とでは同じように考えなくてはいけないけど、同じようにできるかと言えば自信がありません。

S21：それは言葉も習慣も文化も違うから、仕方がないんじゃないかな。

S22：それはそうだけど、外国の習慣や文化を理解することは必要なことだと思う。

S23：それは必要だけど、簡単ではないと思う。

T12：やはり相手の国のことを理解することが大切ということでしょうか。

S24：大切だと思います。今の日本でも、いろいろな国の人と関わる機会があるので、外国の文化や習慣を理解することは必要だと思います。

S25：エルトゥールル号の話に戻るのですが、トルコの人たちを助けた日本人もそうですが、助けられたトルコの人たちも緊張していたんじゃないかな。

S26：全然知らない国で事故にあってしまって、自分たちと全然違う国の人が助けてくれているのだから、自分だったらかなり緊張すると思います。

S27：だから、外国の人たちと接するときは、お互いに緊張しているから特に相手のことを考えるようにしなければいけないと思います。

T13：外国の人たちとの関わりでは、相互に理解し、尊重することが大切だということでしょうか。さて、私はトルコ記念館を出て樫野の空を眺めました。そうしたら、海と空が水平線でひとつにつながっていましたね。その情景を見た私は、どんなことを考えていたでしょうか。

S28：国によって習慣や文化は違うけど、互いに尊重し合うことで理解が深まると考えていました。

S29：日本とトルコは、国は違うけど、国民の心はつながっていたのだと思いました。

T14：今日は「海と空　―樫野の人々―」という話を通して、「他国を尊重することのよさや難しさ」について考えてきました。みなさんはどうでしょうか、国際理解の大切さを感じたことはありますか。（以下略）

第15章

道徳教育の評価

道徳科の授業において生徒の学びをどのように評価するか、本章では、道徳教育及び道徳科における評価の基本的な考え方を解説し、具体的な評価方法と評価の実際を例示します。

1 学習評価の意義

学校における教育活動は、常によりよい指導を目指して改善・充実を図ることが求められます。そのために、大切になるものが、学習評価です。

学習評価は、教師が指導目標に向けて行った指導によって、生徒がどのように学習を行ったのか、その状況を評価するものです。生徒の学習状況を把握することで、生徒にどのような力が身に付いたか、どのように学びが成長したかなどの学習の成果を的確に捉え、教師が指導の改善を図ることが可能となります。

また、教師が評価結果を生徒にフィードバックすることで、生徒自身が自らの学びを振り返って次の学びに向かうことができるようにもなります。生徒の学習状況を適切に評価するために、教師が指導目標を明確にし、生徒にどのような学習を行うことを期待するのか、考えさせるべきことは何かなど、指導観を明らかにすることが重要です。

2 学校の教育活動全体を通して行う道徳教育の評価

学習における評価は、生徒にとっては、自らの成長を実感し意欲の向上につなげていくものであり、教師にとっては、指導の目標や計画、指導方法の改善・充実に取り組むための資料となるものです。

教育において指導の効果を上げるためには、指導計画の下に、目標に基づいて教育実践を行い、指導のねらいや内容に照らして生徒の学習状況を把握するとともに、その結果を踏まえて、学校としての取組や教師自らの指導について改善を行うサイクルが重要になります。

道徳教育における評価も、常に指導に生かされ、結果的に生徒の成長につながるものでなくてはなりません。「第1章 総則」の「第3 教育課程の実施と学習評価」の2の(1)では、「生徒のよい点や進歩の状況などを積極的に評価し、学習したことの意義や価値を実感できるようにすること」と示しており、他者との比較ではなく、生徒一人一人のもつよい点や可能性などの多様な側面、進歩の様子などを把握し、年間や学期にわたって生徒がどれだけ成長したかという視点を大切にすることが重要であるとしています。道徳教育においても、こうした考え方は踏襲されるべきです。

このことから、学校の教育活動全体を通じて行う道徳教育における評価については、教師が生徒一人一人の人間的な成長を見守り、生徒自身の自己のよりよい生き方を求めていく努力を評価し、それを勇気付ける働きをもつようにすることが求められるのです。そして、それは教師と生徒の温かな人格的な触れ合いに基づいて、共感的に理解されるべきものなのです。

学校の教育活動全体を通じて行う道徳教育は、生徒の道徳性を養うことを目指して行われますが、そこには生徒の道徳的実践を促す指導も含まれます。具体的には、挨拶や言葉遣い、身だしなみなどの礼儀作法に関わる指導、校則の遵守、社会規範の遵守などの規範意識の高揚に関わる指導、公共の場や公共物の使用など公徳に関わる指導などが挙げられます。そして、これらの指導は、結果としての生徒の実践の状況を把握することで評価することが求められます。
評価の方法として具体的には、以下のようなものが挙げられます。

(1) 観察法

①チェックリスト

生徒の行動についてあらかじめ項目を挙げてチェックするリストを作成し、その行動の現われる程度や度数を記録する方法です。この場合、生徒の行動について、観察しやすい具体的な項目を設定して、リストを作成しておく必要があります。

チェックする記号、例えば「十分に実現…◎」「概ね実現…○」「努力を要する…△」などにより、その程度を表示することが考えられます。これを継続的に観察し、蓄積していくことで、行動の傾向性を把握することができます。比較的行いやすい方法であるため、教師だけでなく生徒が自ら自己の行動を反省し、記録する自己評価の用具としても適しています。また、生徒同士が相互評価をする際にも用いることが考えられます。

②評定尺度法

一定の基準から、評定の5ないし3の段階尺度を構成して、観察の結果をこの尺度に照らして位置付けて評定する方法です。この方法は段階尺度の構成が明確に規定されていないと、評定者の主観に左右され、結果的に客観性を大きく欠くことが懸念されます。尺度の構成は、次のような手順で行われます。

○評価対象となっている行動を明確にし、その行動の特徴を規定しておく。
○規定した行動の特徴は、一般にどのような場面や機会に観察しやすいかを想定しておく。
○典型的な行動は、どのような形で現われるかを具体的に考えておく。
○できるだけ等間隔な尺度であるように、5ないし3の評定段階で尺度を構成する。

評定尺度を構成する際は、教師間で段階尺度に対して共通理解を図ることが大切になります。

③逸話記録法

この方法は、生徒の日常の行動を観察・記録する上で重要です。また、担任以外の教科や生徒会活動、学校行事など、担任の教師から離れて行動する様子を、観察する際も活用できます。ここでいう「逸話」とは、特定の生徒について、指導上有意義であると思われる具体的な行動事例を指します。逸話記録は、できるだけ客観的に記述することが重要であり、事実と観察者の主観に基づく解釈とを混同しないように別記することが求められます。また、記録はできるだけ観察した印象の鮮明なうちに行い、継続的に記録をすることなどが大切になります。

逸話記録に示される行動事例は、必ずしも評価対象となっている行動項目と合致しているとは限りません。継続的に資料を収集することで、生徒行動の傾向性を理解することに役立ちます。逸話記録法については、次のような配慮事項が挙げられます。

○記録の項目ごとに、観察日時・場所及び行動の生起の場面や条件を明確に記述する。
○事例は実際に起こったことを、客観的にありのまま記述する。
○観察した行動に関する所見や解釈は、事実の記述とは別記する。
○行動事例は生徒の生活の全体から取り上げるが、不明確なものは記録に残さないように配慮する。
○記録はとかく顕著な生徒の行動が多くなりがちであるが、見落としがちな生徒の行動や望ましい行動も積極的に記録するように心掛ける。

④観察法全般にわたって留意すべき事項

観察法では、あらかじめ観察項目を具体的かつ明確に規定しておくことが大切です。そのためには生徒の発達の段階の特質を理解し、観察場面の設定、記録方法についての配慮などが求められます。

観察に当たっては、観察者の偏見や趣向を除いて、生徒の行動をありのままに客観的に捉えることが大切です。観察対象となる行動が現われやすい場面、また生徒の行動の本来の姿が捉えやすい場面を選んで観察するようにしたいところです。観察後は印象が鮮明なうちに記録をし、観察された事実と観察者の解釈や所見とは、区別して記録しておくことが重要です。

(2) 面接法

面接法は教師が生徒と対面し、会話を通じて必要な資料を直接収集する方法です。面接法は言語を介して、生徒のもっている知識、意見、態度などを捉えることができるとともに、面接の進行に伴って、相手の表情や話し方、態度を通してその心情を推し量ることも期待できます。

面接法は目的をもって対面し情報収集をすることであり、いわば計画的な観察なので、必要な評価資料や情報を収集するためには、あらかじめ観察事項や質問事項を準備して計画的に実施する必要があります。また、面接法は質問紙法やテスト法では、十分に把握できない点、疑問点なども問うことができるといった長所がありますが、相手との人間関係が構築できていない場合は、期待している資料を得ることが難しく、信頼できないものになることも考えられます。面接法には、次のような留意事項があります。

○面接の目的を明確にする

評価目標からどのような事項を質問し、観察して資料を求めるか、事前に計画しておくことが必要です。

○生徒に関して事前に予備知識をもっておく

生徒に関する有効な資料を事前に調べ、調査項目に関する背景的知識をもって面接に臨むことが大切です。面接者である教師の憶測や偏見を除いて面接を行うようにします。

○面接の場所や時間に対する配慮をする

場所は生徒が安心できるところ、他の生徒が気にならないところを選ぶようにします。また、面接にはかなり時間を要するため、十分な時間を確保することが求められます。

○生徒が安心して話せる雰囲気をつくる

生徒に面接の目的を理解させるとともに、生徒との間に親密な関係をつくり、信頼して何でも話せるような配慮をすることが重要です。

○生徒が率直に、また端的に答えられるようにする

面接が自然に進行するためには、生徒が話しやすい話題から始めるようにします。必要に応じて問い返しを行うことが必要ですが、誘導的な質問になったり、指導的な態度になったりしないようにして、生徒の言葉を傾聴しようとする態度が大切になります。

○面接の記録を正確にとる

面談しながら調査用紙に記録することで生徒が話しにくい状況になることも懸念されます。得られた事実や情報は、面接終了後できるだけ早く記録しておくことが大切です。その際、事実と面接者の意見や解釈とは、明確に区別して記録するようにする配慮が求められます。

(3) 質問紙法

あらかじめ作成した質問紙を生徒に提示して、生徒に回答を求め、必要な資料を収集しようとする方法です。

質問紙法は、一般に集団に対して実施し、同時に多数の回答を求めることに適していますが、必要に応じて個々に実施することも考えられます。質問紙法は十分な配慮のもとに行われなければ、その結果の信頼性が期待できないものになることが懸念されます。一般に教師が直接観察できない生徒の経験、要求、意見、心情、態度など内面に関わる事項に関する資料を求めたり、直接観察が可能であっても、同時に多数の資料を必要としたりするときに用いるようにします。質問紙の信頼性を高めるためには、次のような配慮が特に必要になります。

○回答者の記憶が曖昧な事項の質問は避ける

例えば、数か月も前の経験については、生徒に詳しく質問しても正確な回答は期待できません。

○回答者の協力的態度を得るようにする

質問や調査の趣旨を生徒に伝え、生徒との信頼関係を構築して積極的な協力を得るようにすることが大切です。

○事実と異なる回答についてはその真意を捉えるようにする

生徒の回答が明らかに誤りであることが分かったときには、その回答の原因や背景を考え、生徒に対する理解を深めるようにすることも大切になります。

また、質問紙の作成に当たっては、質問は簡単で、容易に記入できるようにすること、質問事項は、生徒を当惑させるような設問は避けるようにすること、質問に用いる言葉は、生徒に理解できるものにすることなどの配慮が求められます。一方的な答えを暗示するような質問の出し方は、避けなければなりません。

3 道徳科の評価

(1) 道徳科における評価の意義

学習評価は、学習の結果を単に値踏みすることが目的ではなく、生徒にとっては自らの成長を実感し学習意欲の向上につなげていくものであり、教師にとっては、自らの指導の目標や計画、指導方法の改善・充実など授業改善を図るためのものである必要があります。

学校教育の充実を図る上では、カリキュラム・マネジメントが重要ですが、そのためには、周到な指導計画の下に、そこに示された目標を達成するために教育実践を行います。そして、指導のねらいに基づいて生徒の学習状況を把握するとともに、そのことを踏まえて、指導の改善・充実を図ることができるサイクルが必要不可欠なのです。

また、学習指導要領の総則に、「生徒のよい点や進歩の状況などを積極的に評価し、学習したことの意義や価値を実感できるようにすること」とあるように、学習評価の基本的な考え方は、他者との比較ではなく生徒一人一人のよい点や可能性などの多様な側面を把握するとともに、それらが年間や学期にわたってどれだけ成長したかという視点をもつことが重要です。

道徳科の評価も、こうした基本的な考え方の下、授業を通して把握した学習状況や道徳性に係る成長の様子が指導に生かされ、結果的に生徒の道徳性を養うことにつながるものでなくてはなりません。

(2) 道徳科で行う評価の対象

道徳科の授業の結果として把握すべきことは、生徒の学習状況であり、その積み重ねによる道徳性に係る成長の様子です。

道徳科の授業は、学習指導要領に示された道徳科の目標に向かって行います。つまり、道徳性を養うために、道徳的諸価値についての理解を基に、自己を見つめ、物事を広い視野から多面的・多角的に考え、人間としての生き方についての考えを深める学習を通して、道徳的な判断力、心情、実践意欲と態度を育てることです。道徳科は、道徳性を養うことを目指して、その様相としての道徳的判断力、道徳的心情、道徳的実践意欲、道徳的態度を育成するものです。

道徳科の授業は、学校の教育活動全体を通じて行う道徳教育の要としての役割があります。要としての役割とは、教育活動全体で行われた道徳教育で指導の機会が少なかったことを補い、指導をより深めたり、個々に行っていた指導を取りまとめたりすること、補充、深化、統合です。道徳科において、補充、深化、統合をするに当たっては、養うべき道徳性の様相をより焦点化して指導することが求められます。

道徳性とは、よりよく生きるために基盤となるものであり、人格の基盤となるものです。それは、生徒が今後出合うであろう様々な場面、状況において、道徳的行為を主体的に選択し、実践するための内面的な資質・能力と言えます。道徳性は、徐々に着実に養われることで潜在的、持続的な作用を行為や人格に及ぼすもので、一朝一夕に養えるものではありません。また、よりよい生き方には決まった形があるということではありません。つまり、道徳性が養われたか否かを把握することは容易ではないということなのです。

道徳科で養う道徳性は、生徒が将来いかに人間としてよりよく生きるか、出合うであろう様々な問題に対してどう適切に対応するかといった個人の問題に関わるものです。このことから、どれだけ道徳的価値を理解したかなどの基準を設定することはふさわしいとは言えないでしょう。

また、1時間の授業によって、生徒の道徳性が養われたか否か、具体的には、道徳的判断力が高まったのか、道徳的心情が養われたかなどを把握することは到底困難です。道徳科の授業は道徳性を養うために行いますが、指導の結果としての道徳性そのものの状態を把握するのではなく、道徳性を養うための学びがどうであったのかを把握することが求められているのです。道徳性の諸様相である道徳的判断力、道徳的心情、道徳的実践意欲と道徳的態度のそれぞれについて分節し、学習状況を分析的に捉える観点別評価を通じて生徒を見取ろうとすることは、生徒の人格そのものに働きかけ、道徳性を養うことを目標とする道徳科の評価としては妥当ではないでしょう。

また、こうした生徒の学びについては、数値などによる評価も適当とは言えません。道徳科の授業は、道徳性を養うための学習を行うものですが、道徳性は、生徒の人格全体に関わるものであることから、評価基準を基にした5、4、3、2、1やA、B、Cなどの評語によって評定すべきではないということなのです。道徳科の学習においては、生徒一人一人の個人内の成長の過程を重視することが適切であると言えるでしょう。

(3) 学習状況や道徳性に係る成長の様子についての評価とは

①学習状況の把握とは

道徳科における生徒の学習状況を把握するためには、授業者が1時間の授業で一定の道徳的価値について何をどのように考えさせるのか、明確な指導観をもって授業を構想することが重要になります。

生徒にとっては、何をどのように考えるのか、これが具体的な学習であり、この学習の有り様が学習状況です。このことから、授業者が、道徳科における指導と評価の考え方を明確にした指導計画を作成することが求められます。

例えば、授業者が生徒の実態などから、生徒が教材中の登場人物に自我関与して、友達と互いに高め合うことのよさを考えさせたいと考えた場合、授業で展開したい学習は、生徒が登場人物と自分自身を重ねあわせて、友達同士が高め合うことのよさについて考えることであり、こうした学習を行っているかどうかを把握することが評価の視点となります。

また、授業者が、「節度を守って行動することは大切であるが、つい度を過ごしがちな人間の弱さを考えさせたい」という意図で授業を行うのであれば、生徒がこのことを考えているかどうかを把握することが評価の視点になるのです。

さらに、授業者が期待する学習についてその状況を把握することが大前提ですが、このことに加えて、例えば、道徳科の特質である道徳的価値の理解について読み物教材の登場人物に自我関与して考えたり、対話的な学びを通して道徳的価値の理解を深めたりする様子、自己を見つめることについて現在の自分自身を振り返り自らの行動や考えを見直している様子、その上で、道徳的価値についての思いや課題を培っている様子、多面的・多角的に考えることについて道徳的価値を様々な側面から考察したり、関連する道徳的価値に考えを広げたりする様子がうかがえた場合には、これらの学習状況もよさとして見取ることが大切です。

②道徳性に係る成長の様子とは

道徳性に係る成長の様子とは、道徳性の成長の様子ではありません。「道徳性に係る」とは、「道徳性に関係する」、あるいは「関連する」ということです。つまり、道徳性を養うために行う学習の様子が、どのように成長しているのかを把握するということなのです。

具体的には、一人一人の生徒が、道徳的価値の理解に関してどのような成長が見られるのか、自己を見つめることに関してどのような成長が見られるのか、物事を広い視野から多面的・多角的に考えることに関してどのような成長が見られるのか、人間としての生き方についての考えを深めることに関してどのような成長が見られるのかということです。

例えば、道徳的価値の理解について、親切は大切なことだといった観念的な理解をしていた生徒が、自分自身の経験やそれに伴う感じ方、考え方を基に自分事として理解できるようになったこと、自己を見つめることについて、単に経験だけを断片的に想起していた生徒が経験に伴う感じ方、考え方も併せて振り返れるようになったこと、物事を広い視野から多面的・多角的に考えることについて、一面的な見方から多面的な見方ができるようになったこと、人間としての生き方についての考えを深めることについて、道徳的価値に関わる思いや課題が漠然としていた生徒が、人間としてのあるべき姿を基に現在の自分自身の自覚に基づいて考えを深めるようになったことなどを把握することが考えられます。

道徳性に係る成長の様子を把握するためには、1時間1時間の授業を着実に積み上げ、学習状況を把握していくことが大前提となります。なお、学習状況の把握を積み上げるということ

図16　道徳科の評価例

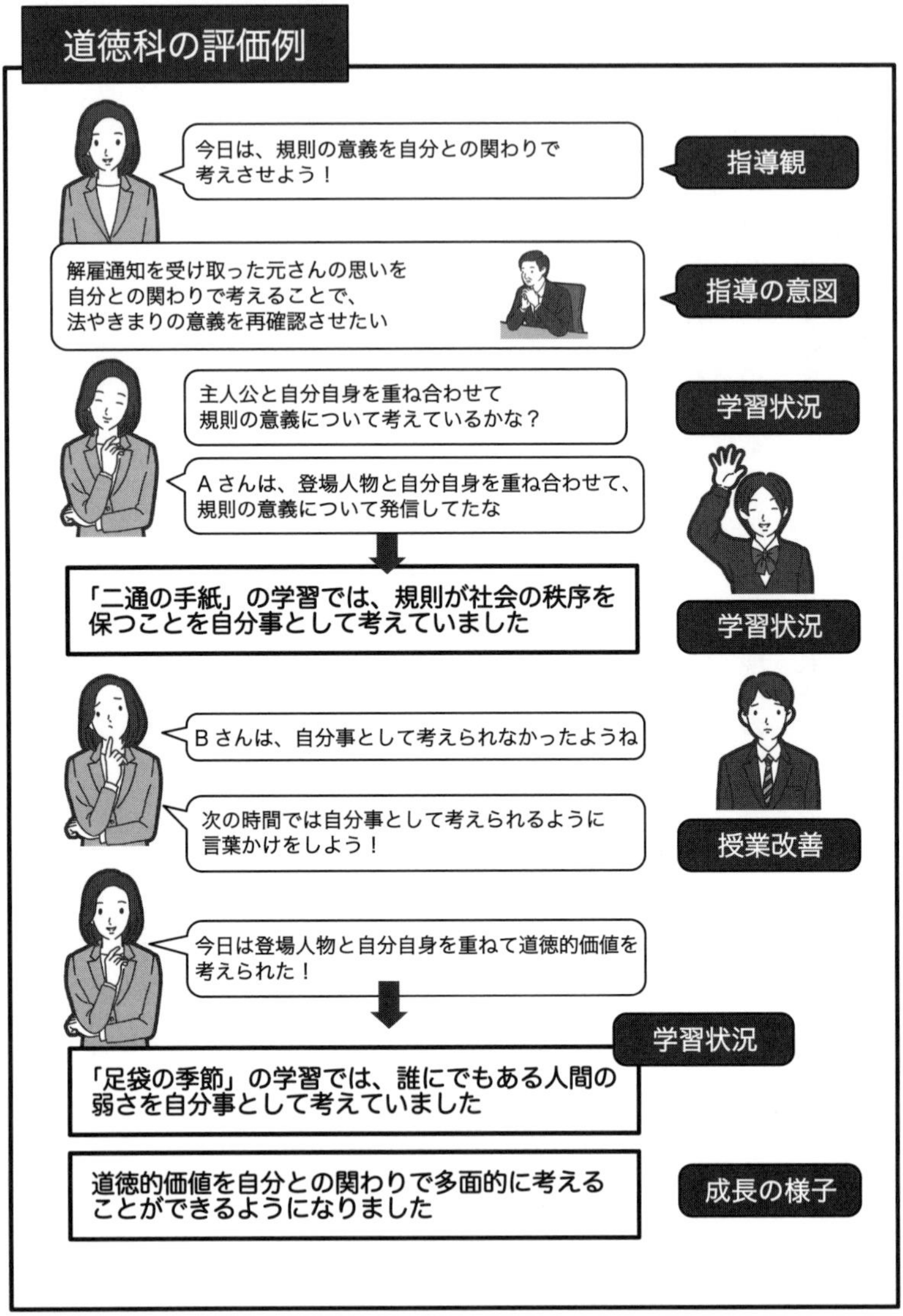
道徳科の評価例
今日は、規則の意義を自分との関わりで考えさせよう！
指導観
解雇通知を受け取った元さんの思いを自分との関わりで考えることで、法やきまりの意義を再確認させたい
指導の意図
主人公と自分自身を重ね合わせて規則の意義について考えているかな？
学習状況
Aさんは、登場人物と自分自身を重ね合わせて、規則の意義について発信してたな
「二通の手紙」の学習では、規則が社会の秩序を保つことを自分事として考えていました
学習状況
Bさんは、自分事として考えられなかったようね
次の時間では自分事として考えられるように言葉かけをしよう！
授業改善
今日は登場人物と自分自身を重ねて道徳的価値を考えられた！
学習状況
「足袋の季節」の学習では、誰にでもある人間の弱さを自分事として考えていました
道徳的価値を自分との関わりで多面的に考えることができるようになりました
成長の様子

は、毎時間、全ての生徒の学習状況を詳細に把握するということではありません。

(4) 道徳科の評価の実際

図16は、内容項目　C［規則遵守、公徳心］の授業における評価例です。授業者は、規則の意義について自分との関わりで考えさせるという指導観をもって授業を展開しました。評価の視点は「主人公と自分自身を重ね合わせて、規則の意義について考えているか」として、生徒の発言を基に学習状況を把握しています。その後、把握できなかった生徒の状況を勘案して授業改善を図り、改めて学習状況を把握しています。

(5) 道徳科の評価における配慮事項

道徳科における評価には、次のような配慮が求められます。

①数値による評価ではなく、記述式であること

学校教育においては、数値などによる評価を行う教育活動があります。各教科は5段階で評定されています。

道徳科の学習状況の評価において、道徳性の諸様相である道徳的判断力、道徳的心情、道徳

的実践意欲と道徳的態度のそれぞれについて分節し、学習状況を分析的に捉える観点別評価を通じて生徒を見取ろうとすることは、生徒の人格そのものに働きかけ、道徳性を養うことを目標とする道徳科の評価としては妥当ではありません。道徳性を養うことを目標として行う学習の実現状況や到達状況ではなく、学びの姿としての学習状況について、そのよさや学習を積み上げたことで見られる成長の様子を文章で記述するとしているのです。

②他の生徒との比較による相対評価ではなく、生徒がいかに成長したかを積極的に受け止め、励ます個人内評価として行うこと

個人内評価は、一人一人の生徒について、優れたところや劣っているところを把握して、個人の特徴として認めていく考え方です。一人一人の生徒の学習状況を横並びにして、突出したところを個人のよさとして認めたり、時系列に並べて成長の様子を認めたりします。

個人内評価は、他の生徒との比較によるものではないので、全ての生徒にそれぞれのよさや成長の様子を伝えることができたり、一人一人の努力を認めたりすることができます。生徒の学習状況を適切に把握して、そのよさや可能性を見いだし、生徒にフィードバックすることで、生徒の学習意欲を高めることができるのです。

道徳科が目指すものは道徳性を養うことです。道徳性は、生徒が今後出合うであろう様々な場面、状況において、道徳的行為を主体的に選択し、実践するための内面的な資質・能力です。つまり、道徳科の授業においては、生徒が昨日よりも今日を、今日よりも明日をよりよく生きようとする思いを高めるようにすることが大切なのです。１時間の学習と同時に、生徒がよりよく生きたいという思いにつながる評価を工夫することが何よりも重要です。

③他の生徒と比較して優劣を決めるような評価はなじまないことに留意する必要があること

道徳科の授業で最も大切なことは、授業者の明確な指導観に基づいて、一人一人の生徒が授業で学ぶ一定の道徳的価値に自分事として向き合い、これまでの自分の経験やそれに伴う感じ方、考え方などを基に、広い視野から多面的・多角的に考えられるようにすることです。

そして、大切なことは、一人一人の生徒がこのような学習をどのように行っているのかを把握することです。道徳科の目標は、道徳的判断力、道徳的心情、道徳的実践意欲及び道徳的態度といった道徳性を養うことです。つまり、道徳科における学習状況や道徳性に係る成長の様子を把握するということは、生徒の人格そのものに働きかけ、一人一人の生徒がいかに成長したかを積極的に受け止めて認め、励ます視点から行うものでなければならないのです。こうした理由から、一人一人のよさや成長を個々の特徴として認めていく考え方である個人内評価が求められているのです。

このような考え方から、生徒の学習状況を他の生徒と比較したり、成長の度合いを対比したりすることに意味はないのです。一人一人の生徒の生き方は、これまでもこれからも同様ではないからです。

そして、道徳科の評価は、多くの中から優れたものを入学者として選び出す入学者選抜には、到底なじまないものであることは言うまでもありません。したがって、道徳科の評価は調査書には記載せず、入学者選抜の合否判定に活用することのないようにしなければならないとされています。

④個々の内容項目ごとではなく、大くくりなまとまりを踏まえた評価を行うこと

道徳科の内容項目は、その全てが道徳科を要として学校の教育活動全体を通じて行う道徳教育の基底となるものです。それぞれの内容項目の特質を基に、生徒の発達の段階を踏まえて、生徒自身が主体的に道徳性を養うようにする必要があります。

道徳性はこれまで説明したように、よりよく生きるために基盤となるものであり、人格の基盤となるものです。そして、学校教育においてはその様相を道徳的判断力、道徳的心情、道徳的実践意欲、道徳的態度とされています。例えば、道徳的判断力とは、それぞれの場面において善悪を判断する能力です。それは、人間としてよりよく生きるために道徳的価値が大切なことを理解し、様々な状況下において人間としてどのように対処することが望まれるかを判断する力とされています。また、道徳的心情は、道徳的価値の大切さを感じ取り、善を行うことを喜び、悪を憎む感情のことです。つまり、道徳性の様相は、道徳的価値と相まってよりよく生きることに作用するものと考えられているのです。

例えると、道徳性の様相は器であってとても大切なものですが、器だけでは機能はしません。

そこに道徳的価値が入ることで、よりよく生きるために機能するということなのです。

道徳的価値とは、よりよく生きるために必要なものであり、人間としての在り方や生き方の礎となるものです。道徳的価値は多様に存在しますが、学校教育においては、生徒の発達の段階を考慮して指導内容として再構成したものが内容項目です。個々の内容項目は大切なものですが、日常生活の中には、そこに含まれる道徳的価値が単独で存在することは稀で、様々な道徳的価値が関わり合いながら人間としてよりよく生きるための実践につながっているのです。

したがって、生徒が個々の道徳的価値についてどのような学びをしたかを詳細に分析して把握することよりも、よりよく生きることにつながる学びを鳥瞰することが大切なのです。このような考え方に基づき、生徒の道徳科における学習状況や道徳性に係る成長の様子を把握することが大切です。

また、現実的にも年間35単位時間の道徳科の授業において、全ての生徒の学習状況を綿密に把握するということは困難です。そこで、教師が確かな指導観に基づいて、生徒が授業で行うべき学習を明らかにして、それを評価の視点とするのです。そして、その視点で生徒の学習状況を見ることで、顕著な発言やつぶやき、活動などを把握することが可能になります。

そのような顕著な学びが見られた生徒については、そのことを学習状況として記述することができます。しかし、顕著な姿を見ることができなかった生徒も存在します。教師がそのような状況を把握したら、何を考えるでしょうか。真剣に生徒に向き合っている教師であれば、そうした生徒を次の授業では、生き生きとした学びができるようにしたいと考えるはずです。

こうした考えに基づいて指導の工夫を図ることを授業改善と言うのです。授業改善は、生徒の学習状況の把握なしには成し得ません。そして、授業改善によって、前時には顕著な姿が見られなかった生徒に生き生きとした学びが見られたら、そのことを学習状況として記述をすればよいのです。こうした授業を繰り返すことによって、学級の全ての生徒の学習状況を把握することができます。

このように、道徳科における生徒の学習状況は、ある程度の時間的な幅をもたせて把握することが考えられます。このこともある意味で、「大くくりなまとまりの中で」と言えるでしょう。

⑤発達障害等のある生徒や海外から帰国した生徒、日本語習得に困難のある生徒等に対して配慮すべき観点等を学校や教員間で共有すること

発達障害等のある生徒が、通常の学級に在籍することは少なくありません。そこで、道徳科においては、これらの生徒に対する指導や評価を行う際には、それぞれの学習の過程で考えられる「困難さの状態」をしっかりと把握した上で必要な配慮を行うことが求められます。

例えば、他者との社会的関係の形成に困難がある生徒であれば、教師は相手の気持ちを想像することが苦手で、字義通りの解釈をしてしまうことがあることや、暗黙のルールや一般的な常識が理解できないことがあることなど困難さの状況を十分に理解することが求められます。その上で、例えば、教材提示を工夫するなどして、道徳的価値に関わる問題を把握しやすくしたり、動作化や劇化を活用したりするなどして登場人物への自我関与を深め、他者の心情を考

えることができるようにする工夫が必要になります。

そして、評価を行う際にも、個々の困難さの状況を配慮することが必要です。発言がなかったり、ワークシートへの記述がなかったりしたことから「考えていない」などと、学習状況を短絡的に捉えることがないようにします。教師の指導観に基づいて、生徒が道徳的価値を自分事として考えているか、これまでの自分を見つめているかといった学習状況を丁寧に把握することが大切です。

発達障害等のある生徒の学習状況や道徳性に係る成長の様子を把握するためには、教師は生徒から対話を通して、道徳的価値に関わる感じ方、考え方を把握することが有効です。道徳科の評価の考え方が、個人内評価を重視することを再確認して、生徒のよさを把握することが何よりも大切です。

また、海外から帰国した生徒や外国人の生徒などについて、一人一人の生徒の状況に応じた指導と評価を行うことも重要です。これらの生徒の多くは、日本語の理解が不十分な場合が少なくないために、他の生徒との対話が難しかったり、書くなどの表現活動が苦手であったりすることも考えられます。それぞれの生徒の置かれている状況に配慮した指導を行いつつ、生徒の学習状況におけるよさを把握することや、道徳性に係る成長の様子を把握することが求められるのです。

【参考文献】

第1章

・文部省「中学校学習指導要領　昭和33年改訂版」（1958）
・文部省「中学校学習指導要領　付学校教育法施行規則（抄）中学校学習指導要領等の改定の要点　昭和44年」（1969）
・文部省「中学校学習指導要領　付学校教育法施行規則（抄）中学校学習指導要領等の改訂の要点　昭和52年」（1977）
・文部省「中学校学習指導要領　付学校教育法施行規則（抄）平成元年」（1989）
・文部省「中学校学習指導要領　付学校教育法施行規則（抄）平成10年」（1998）
・文部科学省「中学校学習指導要領　平成20年」（2008）
・岡野守也『聖徳太子「十七条憲法」を読む―日本の理想　新装版』大法輪閣（2019）

第2章

・水原克敏『学習指導要領は国民形成の設計書―その能力観と人間像の歴史的変遷』東北大学出版会（2010）
・文部科学省『中学校学習指導要領（平成29年告示）解説　総則編』（2017）

第3章

・文部科学省『中学校学習指導要領（平成29年告示）解説　特別の教科　道徳編』（2017）
・拙著『道徳教育で大切なこと』東洋館出版社（2010）

第4章

・文部省「中学校学習指導要領　昭和33年改訂版」（1958）
・文部省「中学校学習指導要領　付学校教育法施行規則（抄）中学校学習指導要領等の改定の要点　昭和44年」（1969）

・文部省「中学校学習指導要領　付学校教育法施行規則（抄）中学校学習指導要領等の改訂の要点　昭和52年」（1977）
・文部省「中学校学習指導要領　付学校教育法施行規則（抄）平成元年」（1989）
・文部省「中学校学習指導要領　付学校教育法施行規則（抄）平成10年」（1998）
・文部科学省「中学校学習指導要領　平成20年」（2008）
・文部科学省『中学校学習指導要領（平成29年告示）解説　特別の教科　道徳編』（2017）

第5章

・文部科学省『中学校学習指導要領（平成29年告示）解説　総則編』（2017）
・拙著『道徳教育で大切なこと』東洋館出版社（2010）

第6章

・文部科学省『中学校学習指導要領（平成29年告示）解説　総則編』（2017）
・文部科学省『高等学校学習指導要領（平成30年告示）解説　総則編』（2018）

第7章

・文部科学省『中学校学習指導要領（平成29年告示）解説　総則編』（2017）
・拙著『道徳教育で大切なこと』東洋館出版社（2010）

第8章

・文部科学省『中学校学習指導要領（平成29年告示）解説　総則編』（2017）
・文部科学省『中学校学習指導要領（平成29年告示）解説　特別の教科　道徳編』（2017）
・拙著『「特別の教科　道徳」で大切なこと』東洋館出版社（2017）

第9章

・文部科学省『中学校学習指導要領（平成29年告示）解説　特別の教科　道徳編』（2017）

・拙著『「特別の教科　道徳」で大切なこと』東洋館出版社（２０１７）
・日本道徳科教育学会編『道徳教育キーワード辞典』東洋館出版社（２０２１）

第10章
・文部科学省『中学校学習指導要領（平成29年告示）解説　特別の教科　道徳編』（２０１７）
・拙著『道徳授業における教材活用に関わる一考察』日本道徳教育学会学会誌　「道徳と教育」

第11章
・江橋照雄『役割演技』明治図書出版（１９７１）
・江橋照雄『授業が生きる役割演技』明治図書出版（１９９２）
・文部科学省『中学校学習指導要領（平成29年告示）解説　特別の教科　道徳編』（２０１７）
・拙著『道徳授業で大切なこと』東洋館出版社（２０１３）
・日本道徳科教育学会編『道徳教育キーワード辞典』東洋館出版社（２０２１）

第12章
・文部科学省『中学校学習指導要領（平成29年告示）解説　特別の教科　道徳編』（２０１７）
・拙著『「特別の教科　道徳」で大切なこと』東洋館出版社（２０１７）
・日本道徳科教育学会編『道徳教育キーワード辞典』東洋館出版社（２０２１）

第13章
・文部科学省『中学校道徳読み物資料集』（２０１２）
・文部科学省『私たちの道徳　中学校』廣済堂あかつき（２０１４）
・文部科学省『「私たちの道徳　中学校」活用のための指導資料』（２０１４）

第14章
・文部科学省『中学校道徳読み物資料集』（２０１２）

・文部科学省『私たちの道徳　中学校』廣済堂あかつき（２０１４）
・文部科学省『「私たちの道徳　中学校」活用のための指導資料』（２０１４）

第15章

・文部科学省『中学校学習指導要領（平成29年告示）解説　特別の教科　道徳編』（２０１７）
・石田恒好『教育評価の原理―評定に基づく真の評価を目指して』図書文化社（２０１２）
・拙著『道徳の評価で大切なこと』東洋館出版社（２０１８）
・拙編著『実例でよくわかる中学校「道徳科」評価と通知表記入』教育開発研究所（２０２０）

［著者略歴］

赤堀　博行

帝京大学教育学部教授

昭和35年（1960）東京都生まれ。都内公立小学校教諭、調布市教育委員会指導主事、東京都教育庁指導部義務教育心身障害教育指導課指導主事、同統括指導主事、東京都知事本局企画調整部企画調整課調整主査（治安対策担当）、東京都教育庁指導部指導企画課統括指導主事、東京都教育庁指導部主任指導主事（教育課程・教育経営担当）、文部科学省初等中等教育局教育課程課教科調査官・国立教育政策研究所教育課程研究センター研究開発部教育課程調査官を経て、現職。教諭時代は、道徳の時間の授業実践、生徒指導に、指導主事時代は、道徳授業の地区公開講座の充実、教育課程関係資料の作成などに尽力する。この間、平成４年度文部省道徳教育推進状況調査研究協力者、平成６年度文部省小学校道徳教育推進指導資料作成協力者「うばわれた自由（ビデオ資料）」、平成14年度文部科学省道徳教育推進指導資料作成協力者「心のノートを生かした道徳教育の展開」、平成15年度文部科学省生徒指導推進指導資料作成協力者「非行防止教育実践事例集」、『小学校学習指導要領（平成29年告示）解説　特別の教科道徳編』の作成に関わる。主な著作物に『道徳教育で大切なこと』『道徳授業で大切なこと』『「特別の教科　道徳」で大切なこと』『道徳の評価で大切なこと』『道徳的価値の見方・考え方』（東洋館出版社）、『心を育てる要の道徳授業』（文溪堂）、『道徳授業の発問構成』（教育出版）などがある。

中学校教師1年目のための

道徳の基本

2023（令和5）年11月30日　初版第1刷発行

著　者　　赤堀博行
発行者　　錦織圭之介
発行所　　株式会社　東洋館出版社
〒101-0054 東京都千代田区神田錦町２丁目９番１号
コンフォール安田ビル２階
代　表 TEL：03-6778-4343　FAX：03-5281-8091
営業部 TEL：03-6778-7278　FAX：03-5281-8092
振替 00180-7-96823
URL　https://www.toyokan.co.jp

［装　丁］喜來詩織
［イラスト］オセロ
［組版］株式会社明昌堂
［印刷・製本］株式会社シナノ

ISBN978-4-491-05390-5　Printed in Japan